들고만 가도 자신만만

태국 골프여행 회화

태국 골프여행 회화

지은이 무진 타일랜드
펴낸이 이규호
펴낸곳 북스토리지

초판 1쇄 인쇄 2024년 6월 15일
초판 1쇄 발행 2024년 6월 30일

출판신고 제2021-000024호
10874 경기도 파주시 청석로 256 교하일번가빌딩 605호
E-mail b-storage@naver.com
Blog blog.naver.com/b-storage

ISBN 979-11-92536-80-4 13790

들고만 가도 자신만만
태국 골프여행 회화

무진 타일랜드 지음

Hapiness is a long walk
with a putter.

정보
+
회화

이 책의 구성

태국은 어떤 나라인가?

태국에 관한 기본 정보, 역사, 날씨 등 여행을 떠나기 전에 알고 가면 더 유용한 내용들을 보여줍니다.

태국의 장박골프장

한국인들이 이용하기에 가장 적합한 태국 내 장박골프장 정보를 소개합니다.

태국 유명 골프장 위치

한국인들이 가장 많이 찾고, 골프장 컨디션이 좋은 가성비 최고의 태국 유명 골프장을 소개하고, 그 위치 등을 알 수 있습니다.

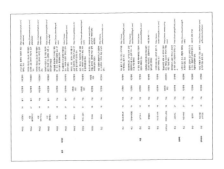

태국 유명 골프장 리스트

태국에는 200여 개의 크고 작은 골프장이 있습니다. 그중 한국인들이 주로 많이 찾는 골프장과 그 특징들을 소개합니다.

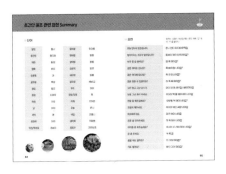

골프 초간단 표현 BEST

라운드 시에 짧은 한두 마디로 그날의 라운드를 기분좋게 즐길 수 있는 단어, 표현들을 모았습니다.

태국 골프 회화

골프에 관한 한국어, 영어 표현을 대체할 수 있는 태국어입니다. 본격적으로 태국어를 공부하지 않아도 ❶기본 표현 ❷기내/출입국/호텔 ❸라운드 ❹쇼핑/마사지 ❺음식점 등 테마별로 필요 시, 바로 찾아 사용할 수 있습니다.

차 례

이 책의 구성

PART 03 태국 골프 회화

PART 01

About 태국

Hapiness is a long walk with a putter.

태국 기본 정보

○ **국명**

타이(Kingdom of Thailand). 우리나라에서는 '태국'으로 더 많이 쓴다.

○ **국기**

중앙의 청색은 국왕, 흰색은 불교, 붉은색은 국민의 피를 상징한다.

○ **국왕**

마하 와치랄롱꼰(Maha Vajiralongkorn), 또는 라마 10세라고 부른다. 형식적으로는 입헌군주제이나 왕권과 군부가 막강한 힘을 가진 국가다.

○ **수도**

방콕(Bangkok).

○ **통화**

공식 화폐는 바트(밧, Baht, THB)다. 1THB, 5THB, 10THB까지는 동전이고, 20THB, 50THB, 100THB, 500THB, 1000THB는 지폐다. 1THB는 100사땅(Satang)인데, 25S과 50S을 사용한다.

○ 환율

1USD=36.84THB, 1THB=37.49원 (2024.05월 기준)

※간단하게 '바트×40'을 하면 편하게 원화로 계산할 수 있다.

(100THB×40= 4,000원)

○ 환전

여행 전 은행 어플이나 환전 어플로 미리 할 수도 있고, 여행 중 시간이 있다면 한국 원화를 들고와서 태국 내 유명 환전소에서 해도 된다. Vasu, Super Rich, TT 등이 유명 환전소이고, 원화를 제일 좋은 환율로 바꿔준다. 현금을 많이 들고 다니기가 부담스러우면 우리은행 EXK 카드를 만들어서, 태국에서 카시콘 은행의 ATM을 이용하면 아주 좋은 환율로 돈을 찾아 쓸 수 있다.

트래블 월렛이라는 카드도 있는데, 환전 수수료가 적어 유용하다. 그리고 GLN이라는 어플도 있는데, QR 코드로 즉시 결제가 되어서 아주 편리하다.

태국은 동남아 다른 나라처럼 달러를 바꿔올 필요는 없다. (두 번 환전으로 손해볼 수 있다.) 태국의 유명 도시에는 대부분 사설 환전소가 많고, 한국돈도 환전을 잘해주니 한국돈을 그대로 가져오면 된다. 1만원, 5만원권이 환전에 유리하다.

○ 신용카드

호텔과 고급 레스토랑, 백화점 등지에서는 신용카드 사용이 수월하지만 지역 서민식당 등에서는 사용할 수 없는 경우도 있다. 또한 신용카드는 환전율, 수수료 등으로 손해가 클 경우가 많으므로 가능한 사용하지 않는 것이 좋다.

태국 기본 정보

날씨

평균 기온 29℃, 5월~10월 우기, 11월~2월 건기이며, 우기에는 일 1~2회 스콜성 소나기가 내린다. 태국의 여름은 4월~5월이고, 7월~8월은 한국보다 덜 덥다.

인종

타이족 80%, 중국계 8%, 기타 12%

언어

타이어. 관광지 대부분에서는 영어로 소통된다.

종교

불교 95%, 이슬람 4%

전압

220V, 50HZ

국가(전화)번호

+66

전화

현지 로밍을 신청해 가서 사용하면 편리하다. 장기 체류 시에는 현지 심카드를 구매하여 한국 국제전화 이용이 가능하다. 이동통신사업 자에 따라 1분당 3B~20B 비용이 발생한다.

한국 로밍폰으로 한국으로 전화할 때는 한국에서와 마찬가지로 전화번호만 누르면 되고, 태국 현지인에게 전화할 때는 전화번호 앞에 +66을 누르고 전화번호의 제일 앞의 0을 빼면 된다.

예) +66 819885969

태국 유심폰으로 태국 현지인에게 전화할 때는 전화번호만 누르면 되고 한국으로 전화할 때는 +82를 앞에 붙여야 한다. 요즘은 보이스톡으로 전화를 많이 하기 때문에 국제전화는 거의 하지 않는 추세다. 며칠간의 짧은 여행이고, 핸드폰 웹서핑을 많이 하지 않는다면 로밍이 편리하다. 하지만 일주일 이상의 여행이거나 핸드폰 어플이나 웹서핑, 구글맵 등을 많이 봐야 한다면 현지 유심을 추천한다.

로밍폰은 인터넷이 느리고, 현지에서 현지인들과의 전화 통화가 어렵다. 로밍폰은 보이스톡 등도 끊길 때가 많다. 현지 유심으로 바꾸면 인터넷도 빨라지고 급한 용무 등에 현지(한국)인들과의 통화도 쉬워진다. 한국에서 쓰던 메인폰에 태국 유심을 사용하면 쓰던 카톡 등을 그대로 사용할 수 있다. 한국에서 전화가 많이 오는 여행자라면 핸드폰을 2개 준비해 오면 편리하다.

컴퓨터를 자주 써야 한다면 노트북을 가져와 사용하는 게 좋고, 주로 웹서핑 등은 핸드폰으로는 하는 것이 편리하다.

태국 기본 정보

○ 여권

유효 기간이 6개월 이상 남아 있어야 한다.

○ 비자

한국인은 비자 면제 협정에 따라 90일까지 관광, 비즈니스 목적으로 비자 없이 방문이 가능하다.

○ 시차

한국보다 2시간 늦다

○ 물가

음식, 호텔, 택시 등 기본 물가는 한국보다 저렴한 편이지만 수입 공산품은 한국과 비슷하거나 더 비싼 경우도 많다.

○ 팁

호텔과 고급 레스토랑에서는 20~50바트(1,000원 정도)의 팁을 주는 것이 좋다. 계산서에 봉사료가 포함되어 있는 경우에는 따로 줄 필요가 없다. 태국에서의 팁은 필수인 경우와 필수가 아닌 경우가 있다.

필수팁

골프 후 캐디팁은 필수다. 태국 유명 골프장들은 400바트가 팁의 시작이다. 장기숙박 골프장이나 외곽의 중·하급 골프장들은 300바트가 팁의 시작이다.

준필수팁

완전 필수는 아니지만 대체적으로 줘야 하는 매너팁의 종류는 다음과 같다.

마사지팁 시간당 50바트 정도로 마사지 후에 주는 것이 좋다.

호텔청소팁   매일 외출이나 체크아웃 시 침대에 20~40바트
벨보이팁   짐을 들어주는 벨보이에게 20~50바트
운전기사팁   차량을 대절한 경우 보통 100~300바트

○ 화장실

숙소, 공항 등의 화장실은 한국과 비슷하다. 태국 내의 일부 터미널, 휴게소 등 공중 화장실의 경우에는 휴지가 비치되어 있지 않지만 대부분의 호텔, 쇼핑몰 등은 화장실이 아주 깨끗하고 휴지도 모두 구비되어 있다. 재래시장 화장실은 입구에서 휴지를 주며 화장실 사용료 5~10바트를 받기도 한다.

○ 교통

현지인들은 오토바이를 많이 이용하고 있으나 위험 부담이 있어 관광객에는 권할 만하지 않다. 그 외 뚝뚝이나 수상버스 등 특별한 경험을 할 수 있는 것들도 있다. 교통비가 저렴하여 외국인들에게는 택시 이용이 부담이 적긴 하지만 경험삼아 버스, 지하철도 이용해볼 만하다. 방콕에서의 지하철은 BTS와 MRT로 나뉘는데, 예전에는 BTS는 지상철, MRT는 지하철을 의미했는데, 현재는 새로 생긴 지상철 라인도 MRT라고 부른다.

요즘은 Grab이나 Bolt 어플로 이동하는 것이 편리하고 안전하다. 목적지를 설명할 필요가 없고, 가격도 흥정할 필요가 없어서 언어 소통이 힘든 경우 아주 안전하고 유용하게 이용할 수 있다.

인원이 많거나 짐이 많은 경우는 택시나 그랩 이용이 안 되기 때문에 차량을 렌트해야 한다. 직접 운전할 수도 있지만 교통체계와 운전석 위치가 달라서 유경험자가 아니면 비추천하며, 기사 딸린 차량을 렌트하는 것이 좋다. 2~3명 이하는 승용차, 4명 이상은 밴을 렌트하는 것이 좋다. 운행 거리, 시간에 따라 다르지만 보통 12시간 하루종일 이용할 경우 3,000~4,000바트의 금액이 나온다. 차량, 기사, 가솔린, 톨게이트비 포함 금액이다.

오토바이택시

택시

뚝뚝이

렌트 밴

○ 위치&국가 형태

태국은 동남아시아의 중심부에 위치하고 있어 인도차이나반도, 미얀마 그리고 중국 남부지역의 관문 역할을 하고 있다. 해안선이 2,614Km에 달하고, 동쪽으로는 태국만, 서쪽으로는 안다만(Andaman) 해를 끼고 있다. 총 면적은 약 513,115㎢로, 우리나라 면적의 5배에 달한다. 인구는 6천 6백만 명 정도다.

초기의 사람들은 중국의 남부지역에서 이주해온 것으로 추측되고 있으며, '타이(Thai)'는 '자유'를 의미하는 태국어에서 유래한 것이다. 외세의 지배를 한 번도 받은 적이 없는 태국은 국왕을 국가의 수반으로 하는 입헌군주제 국가다.

○ 국가 상징물

태국을 상징하는 것에는 창프억(Chang Phueak, 흰코끼리), 독 라차프록(Dok Rachapruek, 꽃), 살라타이(Sala Thai, 건축양식)가 있다.

흰코끼리

꽃

건축양식

17

태국 기본 정보

○ 역사&정치

태국은 반치앙(Ban Chiang)의 북동쪽 작은 마을 근처에서 약 5천 6백년 전의 것으로 추정되는 청동기 문명의 흔적이 발견되었다. 이후 몬족, 크메르족, 타이족을 비롯한 많은 종족들이 지금의 태국이라고 알려진 땅에 정착하게 되었다고 보는데, 대부분 중국 남쪽으로부터 기름진 땅과 강, 계곡을 따라 천천히 이동해온 무리들이었다. 11,12세기경에는 크메르족이 앙코르로부터 대부분의 지역을 통치하기도 했다.

12세기 초, 타이족은 북쪽의 란나(Lanna), 파야오(Phayao), 쑤코타이(Sukhothai)에 작은 국가들을 건설하기 시작했고, 1238년에 두 명의 타이 지도자들이 크메르 영주에 대항하는 반란을 일으켜 최초의 독립왕국인 쑤코타이(Sukhothai, 행복의 새벽)를 세웠다. 쑤코타이 왕국은 이후 짜오프라야(Chao Phraya) 강 유역을 따라 발전하게 되는 타이 왕국의 기초가 되었으며, 태국의 국교인 테라바다 불교(Theravada Buddhism, 소승불교)를 확립하고, 태국 문자의 발명, 미술, 조각, 건축과 문학 등 태국 예술 문화 형성의 기틀을 마련했다. 쑤코타이 왕국은 1300년경에 쇠퇴 일로를 걸으면서 결국에는 신흥 왕국인 아유타야(Ayutthaya)의 종속국이 되었다. 1350년에 건립된 아유타야 왕국은 짜오프라야 강 남부 먼 지역까지 영토를 넓혔으며, 1767년 미얀마의 침략을 받을 때까지 태국 중심지 역할을 했다.

417년간 33명의 왕이 통치한 아유타야 왕국은 그들만의 독특한 문화를 탄생시켜 크메르의 영향에서 벗어나 아라비아, 인도, 중국,

일본 및 유럽과도 관계를 맺었다. 이러한 아유타야의 붕괴는 엄청난 것이었는데, 후에 딱신(Taksin) 왕은 미얀마를 몰아내고 수개월 만에 타이 왕국을 재건하여, 톤부리(Thon Buri)에 수도를 정했다. 1782년에 짜끄리(Chakri) 왕조의 초대왕인 라마 1세가 짜오프라

야 강 유역의 방콕으로 수도를 옮겼다. 짜끄리 왕조의 국왕 가운데 1851년~1868년까지 통치한 라마 4세 몽꿋(Mongkut) 국왕과 1868년~1910년에 통치했던 그의 아들 라마 5세 쭐라롱껀(Chulalongkorn) 국왕은 탁월한 외교력과 선택적 현대화를 통해 태국을 서구열강의 식민지화 공세로부터 지켜냈다.

현재의 태국은 입헌군주제를 채택하여 1932년 이래 현재의 마하와치랄롱꼰(Maha Vajiralongkorn) 국왕에 이르기까지 태국의 국왕들은 국회를 통하여 입법권을, 수상이 이끄는 내각을 통하여 행정권을, 사법부를 통해 사법권을 행사해오고 있다.

태국 여행 정보

○ 날씨

태국은 세 계절로 나뉘는 열대기후다. 3월~5월까지는 태국의 여름이라서 덥고 건조한 날씨로, 평균 기온이 34도 정도까지 올라간다. 6월~10월까지는 평균 29도 정도의 날씨로 우기다. 가장 시원한 11월~2월은 낮에는 32도까지 올라가지만 아침과 저녁에는 20도 정도까지 내려가 선선한 날씨를 즐길 수 있다.

북부지방은 다른 곳보다 더 선선한 기후를 나타내며, 11월~5월까지 건조한 날씨가 계속된다. 특히, 3월~5월에는 북동지역의 몬순기후가 북부지역에 직접적인 영향을 미치지 않아 상대적으로 고온의 날씨를 보이나 11월~2월까지는 선선한 날씨를 보인다. 5월~11월까지는 동서 몬순기후의 영향을 받아 상당한 강우량을 나타낸다. 북부지방의 치앙마이는 2월 하순부터 4월 중순까지 미세먼지 농도가 세계 1위를 기록할 정도로 심각한데, 이는 주변 농민들의 화전 기간과도 관련이 있다. 여기에 더하여 중국 쪽 바람까지 불어오면 최악의 상황이 초래된다.

남부지방은 우기와 건기 두 시즌으로 나뉘는데, 이것은 반도의 동부와 서부에 동시에 영향을 미치지는 않는다. 태풍을 동반하는 몬순기

후가 4월~10월까지는 서부 해안에 영향을 미치며, 동부 해안에는 9월~12월까지 영향을 미친다.

○ **지역별 여행 추천 시기**

방콕 10월~3월, 6월~8월

치앙마이 및 태국 북부 10월~2월

푸껫, 끄라비, 안다만 제도 12월~1월

꼬싸무이 및 태국만 2월~3월

○ **항공편**

코로나19로 인해 항공편에 많은 변화가 있었으나 대부분 정상화되어가고 있다. 인천에서 현지까지는 직항의 경우 보통 5~6시간이 소요되며, 인천뿐만 아니라 부산, 대구에서도 각 주요 도시로 속속 증편이 이루어지고 있다.

○ **태국 입국 시 유의사항**

담배와 주류는 모두 구매 제한 법규가 있는 물품들이다.

태국 여행 정보

주류

면세점을 이용하는 모든 입국 외국인들은 1리터 이상의 주류는 반입 불가하다. 1리터 이상의 주류를 반입하다 발각되는 경우 주류 압수와 더불어 구매 가격의 2배에 해당하는 벌금을 내야 한다.

담배

입국하는 모든 외국인들은 담배 200개피(1보루), 다른 종류의 담배(tobacco) 제품은 250g 미만, 일반 담배와 살담배(tobacco)를 같이 구매할 경우 총 제품 중량이 250g 미만이어야 한다. 이를 초과하는 양의 담배를 반입하다 적발되면 구매한 모든 담배의 압수와 더불어 태국세관에서 규정한 세율을 적용하여 1보루당 최소 10배, 최대 15배까지 벌금을 내야 한다. 특히 전자담배는 태국에서는 불법이고, 적발 시 400여 만원에 달하는 벌금을 내야 하므로 절대 가져오지 않는 것이 좋다. 담배와 술은 반드시 각자 개인 허용 분량 만큼만 들고 나와야 한다. 일행들 것을 한꺼번에 들고 나오다가 적발되면 벌금을 내야 한다.

○ 태국 내 항공기 탑승 시 유의사항

태국 내 항공기 이용 시 휴대전화, 노트북 등에 사용되는 리튬 보조배터리는 용량이 160Wh 이하인 것은 최대 2개까지 휴대 가능하다. 보조배터리는 화물로 부치지 말고 휴대하여 탑승해야 한다. 모든 배터리 종류는 휴대 탑승만 가능하다.

○ 태국에서 지켜야 할 예절

발로 사람이나 물건을 가리키는 행동, 머리를 쓰다듬는 행동은 삼가는 것이 좋다. 고의든 아니든 상대방의 머리를 건드리게 되었다면 즉시 사과해야 한다. 필요 이상으로 상대방을 오래 쳐다보는 행동도 역시 무례한 행동으로, 때로는 싸움을 거는 행동으로 받아들여질 수도 있다. 현지인의 집 실내에 들어갈 때는 우리나라와 같이 신발을 벗어야 한다. 태국은 국민의 95% 정도가 독실한 불교국가로, 특히 불상과 같은 불교와 관련된 것에는 경의를 표해야 한다. 태국은 불교뿐만 아니라 기독교와 이슬람교 등 기타 종교에 대해서도 그 자유를 인정하고 경의를 표한다.

특히 왕이나 왕족 그리고 부다 (부처상) 등의 사진이나 조각 등에 손가락질을 하거나 낙서 등 훼손을 할 경우에는 경찰에 체포되어 처벌을 받게 되니 유의해야 한다.

○ 여행 시 유의사항

공항에서 시내나 그 외 다른 지역으로 이동할 때에는 공식적으로 인정된 교통수단(리무진, 택시, 버스 등)을 이용해야 한다. 정보는 공항 내 입국자홀(Passenger Arrival Hall)에 위치한 교통서비스 안내센터 (Transport Service Counter)에 가면 얻을 수 있다. 숙소에 관한 것은 공항 내 입국자홀의 예약센터, 태국호텔협회(www.thaihotels.org)

태국 여행 정보

공항 안내

공항 택시 티켓 발권

공항 지하 1층 환전소

공항 지하 1층 환전소

에서 정보를 얻을 수 있다. 여행객에게 접근해 가이드를 자처하며 요구하지 않은 서비스를 제공하는 사람은 경계해야 한다.

공항에서 택시는 택시의 미터요금 외에 공항세+골프백 요금+큰 캐리어 요금+톨게이트비 등이 따로 정산되어서 생각보다 훨씬 많은 요금이 나올 수 있다. 일행이 한두 명이며 짐이 많지 않다면 택시 이용이 편리하고, 골프백 등 짐이나 인원이 많다면 밴 픽업 서비스를 이용하는 것이 좋다.

TIP

샤워 외의 물은 별도의 음용수를 구매하여 마시는 것이 좋고, 주변에서 흔하게 만나는 야생동물(개, 고양이…)들은 함부로 만지지 않는 것이 좋다.

○ 쇼핑

단지 기념품을 사는 것뿐만 아니라 태국에서는 여러 가지 쇼핑할 것들이 많다. 이러한 쇼핑을 위해서는 어디에서 쇼핑을 할 것인지 정해야 하는데, (쇼핑 플라자, 고급 백화점, 재래시장과 길거리 상점들 등) 장소도 다양하다. 방콕뿐만 아니라 다른 도시나 리조트에서도 치앙마이의 전통 수공예품, NAKHON SI THAMMARAT의 흑금 세공품 등 다양한 종류의 수공예품을 생산, 판매하고 있다. 저렴한 가격의 최신 유행 스타킹부터 아름다운 보석까지, 쇼핑객들에게 특별한 즐거움을 준다.

TIP

방콕의 백화점이나 가격 정찰제 상점을 제외하고는 대부분의 상점들에서 디스카 운트를 위한 흥정을 할 수 있다. 따라서 처음 호가보다 10~40% 저렴한 가격에 상품을 구매할 수 있다. 하지만 이러한 할인은 구매자의 기술과 판매자의 기분에 따라 달라지므로 별다른 규칙이라는 게 없다. 태국 사람들은 친절하고 유머 감각을 가지고 있으며, 고성이나 짜증내는 사람을 싫어하므로 인내와 미소로 서로 흥정한다면 가장 적당한 가격으로 상품을 구매할 수 있을 뿐만 아니라 쇼핑 자체를 즐길 수도 있다.

○ 비상 시 유용한 연락처

태국 주재 한국대사관

공관 근무시간   월~금요일: 08:30~12:00, 1:30~16:30
토, 일요일과 주재국 공휴일 및 한국의 3.1절, 광복절, 개천절, 한글날은 근무하지 않는다.

공관 주소 및 연락처   Embassy of the Republic of Korea, 23 Thiam-Ruammit Road, Ratchadapisek, Huay-Kwang, Bangkok 10320, Thailand. | +66-2-247-7537~39

영사과   +66-2-247-7540~41(구내번호: 여권(318), 비자(326), 공증(324), 사건 및 사고(336))

기타   +66-81-914-5803(당직전화)

태국관광경찰 한국인봉사대(Tourist Police Korean Volunteer Team)

관광경찰 Hot Line 1155

관광경찰 수완나품 공항 +66-2-132-1155

한국인 봉사대 +66-9-5514-1155(한국어)

카톡&라인 ID tpdkorean

E-mail tpd-koreanteam@hotmail.com

기타 연락처

관광경찰 1699, +66-2-652-1726, +66-(0)2-652-1721~5
Ext.124

경찰 191, 123

화재 시 199

재태국 한인회 +66-2-258-0331~2

수완나품 국제공항 +66-(0)2-132-1888

미얀마
BURMA
라오스
LAOS
치앙마이
Chiang Mai
람빵
Lampang
우돈타니
Udon Thani
핏싸눌록
Phitsanulok
콘깬
Khon Kaen
태국
THAILAND
나콘사완
Nakhon Sawan
우본랏차타니
Ubon Ratchathani
나콘라차시마
Nakhon Ratchasima
깐짜나부리
Kanchanaburi
방콕
BANGKOK
촌부리
Chonburi
파타야
Pattaya
라용
Rayong
캄보디아
COMBODIA
ndaman
Sea
꼬창
Ko Chang
쁘라추압키리칸
Prachuap Khiri Khan
Gulf of
Thailand
베트남
VIETNAM
쑤랏타니
Surat Thani
나콘씨탐마랏
Nakhon Si
Thammarat
끄라비
Krabi
푸껫
Phuket
South
China
Sea
말레이시아 MALAYSIA

태국 여행 정보

○ **태국의 지명(DESTINATIONS)**

북부지역

치앙마이(Chiang Mai) เชียงใหม่

쑤코타이(Sukhothai) สุโขทัย

치앙라이(Chiang Rai) เชียงราย

딱(Tak) ตาก

매홍쏜(Mae Hong Son) แม่ฮ่องสอน

매쏫(Mae Sot) แม่สอด

빠이(Pai) ปาย

핏싸눌록(Phitsanulok) พิษณุโลก

람푼(Lamphun) ลำพูน

깜팽펫(Kamphaengphet) กำแพงเพชร

람빵(Lampang) ลำปาง

피칫(Phichit) พิจิตร

파야오(Phayao) พระเยา

펫차분(Phetchabun) เพชรบูรณ์

난(Nan) น่าน

롭부리(Lopburi) ลพบุรี

프레(Phrae) แพร่

씽부리(Singburi) สิงห์บุรี

우따라딧(Uttaradit) อุตรดิตถ์

나콘사완(Nakhon Sawan) นครสวรรค์

동북부지역

러이(Loei)　เลย

야쏘톤(Yasothorn)　ยโสธร

넝부어람푸(Nongbualamphu)　หนองบัวลำภู

암낫짜른(Amnajaroen)　อำนาจเจริญ

우돈타니(Udonthani)　อุดรธานี

우본랏차타니(Ubon Ratchathani)　อุบลราชธานี

넝카이(Nongkhai)　หนองคาย

씨싸껫(Srisaket)　ศรีสะเกษ

나콘파놈(Nakhon Phanom)　นครพนม

쑤린(Surin)　สุรินทร์

묵다한(Mukdahan)　มุกดาหาร

부리람(Buriram)　บุรีรัมย์

깔라신(Kalasin)　กาฬสินธุ์

러이엣(Roi-Et)　ร้อยเอ็ด

차이야품(Chaiyaphum)　ชัยภูมิ

마하싸라캄(Mahasarakharm)　มหาสารคาม

나콘라차시마(Nakhon Ratchasima)　นครราชสีมา

콘깬(Khon Kaen)　ขอนแก่น

동부지역

싸깨우(Sa-Kaew)　สระแก้ว

파타야(Pattaya)　พัทยา

쁘라친부리(Prachinburi)　ปราจีนบุรี

라용(Rayong) ระยอง

꼬싸멧(Koh Samet) เกาะเสม็ด

싸라부리(Saraburi) สระบุรี

찬타부리(Chanthaburi) จันทบุรี

뜨랏(Trat) ตราด

촌부리(Chonburi) ชลบุรี

꼬창(Koh Chang) เกาะช้าง

중부지역

나콘나욕(Nakhon Nayok) นครนายก

차층싸오(Chacheongsao) ฉะเชิงเทรา

앙텅(Angthong) อ่างทอง

싸뭇사콘(Samutsakhon) สมุทรสาคร

쑤판부리(Suphanburi) สุพรรณบุรี

싸뭇쁘라칸(Samutprakan) สมุทรปราการ

아유타야(Ayutthaya) อยุธยา

싸뭇쏭크람(Samutsongkhram) สมุทรสงคราม

빠툼타니(Phthumthani) ปทุมธานี

펫차부리(Phetchaburi) เพชรบุรี

논타부리(Nonthaburi) นนทบุรี

차암(Chaam) ชะอำ

깐짜나부리(Kanchanaburi) กาญจนบุรี

후아힌(Huahin) หัวหิน

나콘빠톰(Nakhon Pathom) นครปฐม

쁘라추압키리칸(Prachuap Khiri Khan)   ประจวบคีรีขันธ์

랏차부리/랏부리(Ratchaburi)   ราชบุรี

남부지역

춤폰(Chumphon)   ชุมพร

뜨랑(Trang)   ตรัง

라농(Ranong)   ระนอง

빳따룽(Pattalung)   พัทลุง

꼬싸무이(Koh Samui)   เกาะสมุย

쏭클라(Songkhla)   สงขลา

쑤랏타니(Surat Thani)   สุราษฎร์ธานี

핫야이(Hotyai)   หาดใหญ่

끄라비(Krabi)   กระบี่

빳따니(Pattani)   ปัตตานี

팡아(Phang Nga)   พังงา

싸뚠(Satun)   สตูล

푸껫(Phuket)   ภูเก็ต

얄라(Yala)   ยะลา

나콘씨탐마랏(Nakhon Si Thammarat)   นครศรีธรรมราช

나라티왓(Narathiwat)   นราธิวาส

* 이 책에서 나오는 인명, 지명을 비롯한 외국어는 외래어 표기 규정에 따르지 않고, 현지인들의 발음에 가장 가까운 형태로 표기하였습니다.

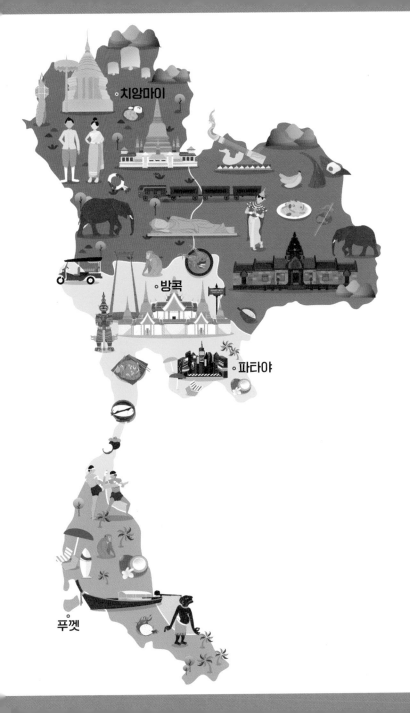

PART 02

태국 골프여행

Golf is the only game I know of that actually becomes harder the longer you play it.

태국 골프여행

○ 태국 골프여행의 종류

장박골프

장박골프여행은 순전히 골프만 즐기는 여행이다. 정해진 비용으로 골프장 안이나 근처의 숙소에서 머물면서 하루 18홀에서 36홀까지 무제한 골프를 즐길 수 있다. 식사도 한식으로 아침, 점심, 저녁까지 제공되며 그린피도 무료. 보통 카트비, 캐디피, 캐디팁 정도만 추가 라운드를 한 만큼 더 내면 된다.

장점은 원 없이 골프를 칠 수 있고, 이동 시간이 거의 없어서 편하다는 점이다. 단점은 장박골프장들의 수준이 대부분 중급 이하 골프장이라는 점과 주변 관광이나 구경 등을 하기가 어렵다는 것이다. 장박골프는 관광이나 구경에 관심이 없고 골프만 전념하여 숙소와 골프장 이동 위주의 동선을 선호하는 골퍼에게 적합하다.

공항에서 제일 가깝고 골프장과 숙소 컨디션이 괜찮은 곳으로는 더파인 골프장과 프라임 골프장 등이 있다. 공항에서 약 30분에서 1시간 거리다. 1시간 반 거리의 카오차녹은 골프장이 좋은 편이고, 2시간 반 거리의 롭부리에 있는 나라이힐 골프장은 총 27홀로 골프장도 중급 이상이고 숙소도 좋은 편이다. (44~47쪽 참고)

TIP

더파인, 프라임, 카오차녹, 나라이힐 골프장은 저자와 연계가 되어 있으므로 여행 시기와 인원, 기간에 따라 박당 약간의 할인이 가능하다. 카카오톡 오픈 채팅방에 'https://open.kakao.com/o/g9pO2Rgf' 주소를 입력하거나 오픈채팅 검색창에 '무진타일랜드'를 검색해서 1:1 채팅방을 찾거나 카카오톡 아이디 fitness9으로 검색해서 문의하면 정상가에서 할인이 가능하다.

자유골프

자유골프는 주로 시내 쪽이나 번화가 쪽의 호텔에 머물면서 골프장으로 매일 차를 타고 이동하면서 골프를 즐긴다.

골프 후에는 시내, 시장, 쇼핑몰, 맛집, 술집 등을 자유롭게 다닐 수 있고, 태국 문화 체험이나 현지인들의 살아가는 모습 등도 구경하면서 현지인들과 소통도 할 수 있다. 골프장도 예산에 따라 중상급 이상 골프장 및 최상급 골프장 등 매일 골프장을 바꿔가며 여러 군데를 다닐 수 있다. 호텔도 자신의 예산에 맞게 2성급에서 5성급까지 고를 수 있고, 장기여행이라면 에어비앤비 등에서 숙소를 찾아볼 수도 있다.

장점은 그야말로 자유여행이라는 점이고, 위에 언급한 내용 모두가 장점일 것이다. 단점은 장박골프에 비해 골프장으로의 이동 시간이 길고, 차량 대절에 대한 추가 비용이 들어가기 때문에 비용이 더 추가될 수 있다.

그리고 태국 여행을 자주 해본 사람들은 직접 여행 계획을 세울 수도 있지만 보통 골프장 예약, 차량 예약, 호텔 예약 등을 모두 따로 해야 하기 때문에 어려울 수도 있다. 하지만 자유 골프여행을 설계해주고 모든 것들의 예약을 대행해주는 현지 회사들도 많기 때문에 본인에게 맞는 여행사를 찾는 것이 중요하다.

TIP

저자의 무진타일랜드 카톡 아이디 fitness9 으로 검색해서 문의하면 자세한 견적과 일정 조정이 가능하다.

태국 골프여행

나홀로골프

태국에 혼자 와서 자유 골프여행을 다니기에는 약간의 제약 사항이 있다. 유명 골프장의 경우 1인 부킹을 안 받는 곳이 많고, 특히 주말에는 어디든 1인 부킹이 어렵다. 그리고 혼자 다니면 골프 비용은 같지만 이동 비용이 많이 들어간다.

방콕의 경우 택시를 타면 되는데, 택시비를 혼자 내야 하기 때문에 이동 비용이 많이 들 수밖에 없다. 파타야는 일반 택시가 없어서 더더욱 힘들다. 그런데 파타야 쪽에는 나홀로골퍼를 위한 골프바가 있다. 골프바에 미리 이야기하면 정해진 시간에 모여 차를 같이 타고 이동하고, 골프 동반자도 모집해준다.

대표적인 파타야 골프바는 '오라오라 골프카페'가 있는데, 밴드에서 검색이 가능하다. 아쉽게도 현재는 태국 내 파타야 지역만 나홀로골프바가 있다.

태국 골프여행 시 예약 방법

몽키트래블(thai.monkeytravel.com)

한글 사이트로, 동남아시아 전체 지역의 골프장 예약이 가능하고, 다른 여행 상품도 가능하다.

몽키트래블의 장점은 단품으로 하나하나 예약할 수도 있고, 그럼에도 비용이 저렴하고, 골프, 관광, 호텔 등 종류가 많다는 점이다. 단점은 예를 들어 3박 4일, 5박 6일 등 전체 일정을 한꺼번에 세우는 것이 불편하다. 여행자 본인이 태국에 대한 사전 지식이 있어야 할 수가 있다는 것이 단점이다.

골퍼스 닷컴(Kolfers.com)

골퍼스 닷컴은 전 세계 골퍼들의 태국 골프장 부킹을 위해 만들어졌다. 원래는 웹이나 앱으로 부킹을 할 목적으로 만들었지만 태국 골프장들의 전산 연계시스템이 아직 구축되지 않아서 지금은 주로 SNS로 고객들과 소통하고 있다. 특히, 한국 골프여행자들과는 카카오톡으로 소통을 하고 있는데, 골프여행 전체 일정을 한꺼번에 의뢰할 수 있다. 호텔, 골프, 차량, 관광 등을 고객의 취향과 예산

에 맞게 한꺼번에 계획을 세워준다.

골퍼스 닷컴 운영자가 유튜브에서도 태국의 골프장들을 소개하고 있어 골프장을 둘러보기도 좋다. 장박골프장도 예약 가능하다.

각 골프장 사이트

구글에서 지역명이나 개별 골프장 이름으로 검색 후 들어가서 라인이나 페북 등으로 문의가 가능하다.

태국 골프장들은 프로모션도 많이 하고 있는데, 페이스북에서 찾아볼 수 있다.

조인 골프바 등

현지 한국인이 운영하는 곳들도 있다. 네이버 밴드나 카페를 통해 미리 검색해 회원 가입을 해두면 현지에서 편리하게 도움을 받을 수 있다. 주로 네이버 밴드에서 검색하면 찾을 수 있다.

클룩(KLOOK)

태국에서 할 수 있는 모든 액티비티 및 렌트카나 당일 골프장까지의 택시 등을 예약할 수 있다.

○ 태국 골프 비용

태국에서의 골프 비용은 어느 나라나 마찬가지로 천차만별이다.
18홀에 20만원 이상이 드는 골프장도 있고, 단 몇 만원이면 가능
한 골프장도 있다.

또한 아침 티업 시간 외에 늦은 오후 타임과 야간 타임 플레이도
가능해, 다양한 경험도 하면서 더 저렴한 비용으로 이용할 수도 있
다. (야간 플레이 경우, 정상 금액의 50% 이하인 경우도 많다.) 다만, 야
간 골프는 모기나 벌레 등이 많이 달려들기 때문에 유의해야 한다.
한국과 마찬가지로 주중 요금과 주말 요금에 차이가 있다.

한국과 다른 것은 1인 1캐디가 기본이다. 즉, 4명이 플레이를 하
면 최소 4명의 캐디가 함께 한다는 뜻이다. 여기에 우산만을 들어
주는 '엄블레러캐디' 또는 '프리티캐디'를 추가로 더 쓸 수도 있다.
골프 비용은 먼저 선불로, 그린피+캐디피+카트비(선택 or 필수)를
내고, 후불로 캐디팁은 캐디에게 직접 준다. 후불로 주는 캐디팁의
경우, '팁'이라고 하지만 필수로, 캐디피만큼의 비용을 꼭 지불해야
하고, 그 이상을 주는 것은 자유다. 보통은 캐디피가 300~500바트
(한화 12,000~20,000원)라 캐디팁도 그 정도로 주면 된다.

현지 캐디 경우, 전문적이지 않은 할머니, 할아버지, 아주 어린 소녀들도 있어 한국과 같은 서비스는 기대하지 않는 것이 좋다. 그러나 태국 주요 도시들의 골프장 손님들 대부분이 한국인들이다 보니 캐디들 또한 한국어로도 간단한 의사 소통이 가능한 경우가 많다. 대부분의 골프장에는 연습장이 별도로 있어 저렴한 비용으로 이용할 수 있다.

카트의 경우, 전동카트를 필수로 이용하도록 하는 곳도 있고, 카트를 타지 않고 걸어서 플레이를 할 수 있는 곳도 있다. 한국처럼 중간중간에 그늘집이 있는데, 더운 날씨로 인한 수분 보충을 위해 들르게 되는데, 이때 캐디에게도 먹을 것을 사주는 배려는 잊지 말자. 캐디팁이나 그늘집 음식값 등은 모두 현금으로 지불해야 하므로 라운드 시 현금을 지참하는 것은 필수다.

태국에는 라운드 후 공중탕은 없고 라커룸에서 간단하게 샤워를 할 수 있는 정도다. 한국 골프여행객의 경우 골프장 안 리조트에서 숙박을 하는 경우가 많아 샤워 시설이 그리 중요하지 않을 수도 있다. 아주 좋은 골프장은 스파나 온천이 있는 곳도 있다.

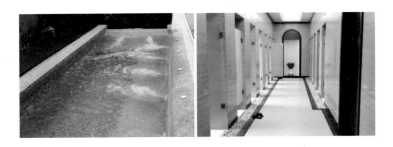

○ 골프여행을 떠나기 전 준비물

항공커버(꼭 필요!)

우산, 골프백 레인커버

골프화(방수용이면 더 좋음)

거리 측정기(현지에서는 야드를 사용하고, 캐디들이 알려주는 거리가
정확하지 않을 수 있다.)

선크림

세안제

영어로 된 네임택(name tag)

각종 골프용품(장갑 여러 벌, 골프공 많이)

장기 여행일 경우는 골프백은 경량 골프백으로 준비하는 것이 좋다.

태국의 장박골프장

더 파인 The Pine Golf Club

프라임 시티 Prime City Golf Club

태국 장박골프장

🛺 카오차녹 Khao Cha-Ngok Golf & Country Club

나라이힐
Naraihill Golf Resort and Country Club

태국 유명 골프장

 타이 CC Thai Country Club

지역 중부 도시권역 방콕 등급 최상급 홀수 18홀 카드 페어웨이
진입 가능 성수기 가격대 20만원대 비수기 가격대 18만원대
홈페이지 http://www.thaicountryclub.com/

🛺 아마타 스프링 Amata Spring Country Club

지역 동부 도시권역 촌부리 등급 초최상급 홀수 18홀 카트 페어
웨이 진입 가능 성수기 가격대 30만원대 비수기 가격대 20만원
대 후반 홈페이지 https://www.amataspring.com/

알파인 Alpine Golf & Sport Club

지역 북부 도시권역 치앙마이 등급 최상급 홀수 27홀 카트 페어
웨이진입 가능 성수기 가격대 10만원대 중후반 비수기 가격대 10
만원대 초반 홈페이지 http://www.alpinegolfresort.com

로얄 방파인 Royal Bang Pa-In Golf Club

지역 중부 도시권역 방콕 등급 최상급 홀수 18홀 카트 페어웨이
진입 가능 성수기 가격대 16만원대 비수기 가격대 13만원대
홈페이지 http://www.royalbpgolf.com/

니칸티 Nikanti Golf Club

지역 중부 도시권역 방콕 등급 최상급 홀수 18홀 카트 페어웨이
진입 가능 성수기 가격대 19만원대 비수기 가격대 17만원대
홈페이지 https://www.nikantigolfclub.com/

로얄젬스시티 The Royal Gems City Golf Club

지역 중부 도시권역 방콕 등급 최상급 홀수 18홀 카트 페어웨이
진입 가능 성수기 가격대 20만원대 비수기 가격대 18만원대
홈페이지 http://www.royalgemsgolfcity.com/

태국 유명 골프장

 무앙깨우 Muang Kaew Golf Course

지역 중부 도시권역 방콕 등급 상급 홀수 18홀 카드 페어웨이
진입 가능 성수기 가격대 15만원대 비수기 가격대 13만원대
홈페이지 http://www.muangkaewgolf.com/

써밋 윈드밀 Summit Windmill Golf Club

지역 중부 도시권역 방콕 등급 상급 홀수 18홀 카트 페어웨이
진입 불가 성수기 가격대 14만원대 비수기 가격대 12만원대
홈페이지 http://www.summitwindmillgolfclub.com/

판야 인드라 Panya Indra Golf Club

지역 중부 도시권역 방콕 등급 중상급 홀수 27홀 카트 페어웨
이 진입 불가 성수기 가격대 12만원대 비수기 가격대 10만원대
홈페이지 http://www.panyagolf.com/

카스카타 Cascata Golf Club

지역 중부 도시권역 방콕 등급 중상급 홀수 36홀 카트 페어웨
이 진입 가능 성수기 가격대 10만원대 비수기 가격대 8만원대
홈페이지 http://www.cascata.co.th/

태국 유명 골프장

🛺 블랙 마운틴 Black Mountain Golf Club

지역 중부 도시권역 후아힌 등급 최상급 홀수 27홀 카트 페어웨
이진입 가능 성수기 가격대 10만원대 후반 비수기 가격대 10만원
대 홈페이지 http://www.blackmountainhuahin.com/

레드 마운틴 Red Mountain Golf Club

지역 남부 도시권역 푸껫 등급 최상급 홀수 18홀 카트 페어웨이
진입 가능 성수기 가격대 20만원대 비수기 가격대 16만원대
홈페이지 https://www.mbkgolf.com/red-mountain/

태국 유명 골프장

🛺 시암 (컨트리) 올드 Siam Country Club Old Course

지역 동부 도시권역 파타야 등급 최상급 홀수 18홀 카트 페어웨
이 진입 불가 성수기 가격대 19만원대 비수기 가격대 16만원대
홈페이지 https://siamcountryclub.com/old-course/

🛺 시암 (컨트리) 플랜테이션 Siam Country Club Plantation

지역 동부 도시권역 파타야 등급 최상급 홀수 27홀 카트 페어
웨이 진입 불가 성수기 가격대 19만원대 비수기 가격대 16만원대
홈페이지 https://siamcountryclub.com/plantation/

태국 유명 골프장

🛺 시암 (컨트리) 워터사이드 Siam Country Club Waterside

지역 동부 도시권역 파타야 등급 최상급 홀수 18홀 카트 페어
웨이 진입 가능 성수기 가격대 19만원대 비수기 가격대 16만원대
홈페이지 https://siamcountryclub.com/waterside/

🛺 램차방 Laem Chabang Country Club

지역 동부 도시권역 파타야 등급 최상급 홀수 27홀 카트 페어웨이 진입 불가 성수기 가격대 15만원대 비수기 가격대 13만원대 홈페이지 https://www.laemchabanggolf.com/

태국 지역별 골프장

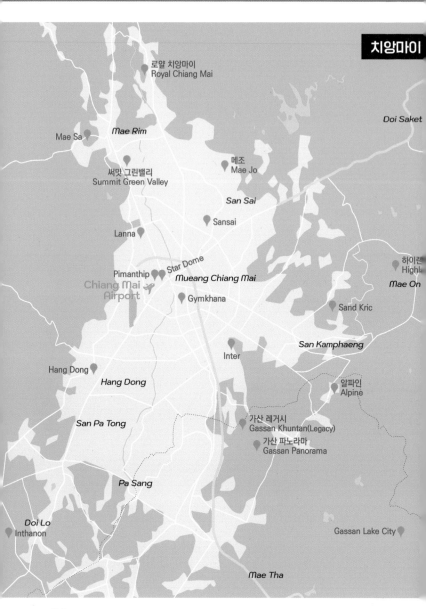

로얄 치앙마이
Royal Chiang Mai

Doi Saket

Mae Sa

Mae Rim

메조
Mae Jo

써밋 그린밸리
Summit Green Valley

San Sai

Sansai

Lanna

Star Dome

하이랜
Highl

Pimanthip

Mueang Chiang Mai

Mae On

Chiang Mai
Airport

Gymkhana

Sand Kric

San Kamphaeng

Hang Dong

Hang Dong

Inter

알파인
Alpine

San Pa Tong

가산 레거시
Gassan Khuntan(Legacy)

가산 파노라마
Gassan Panorama

Pa Sang

Doi Lo
Inthanon

Gassan Lake City

Mae Tha

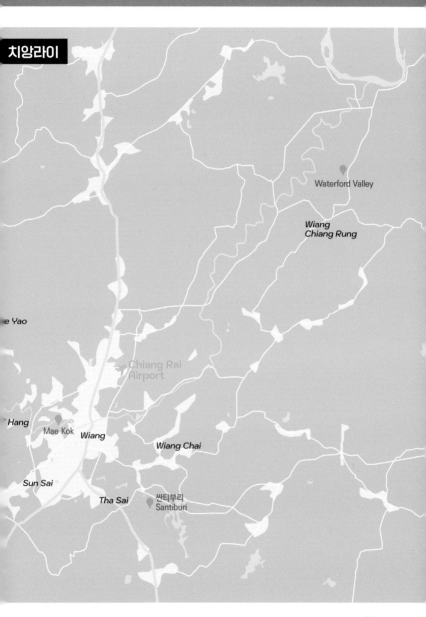

치앙라이

e Yao

Waterford Valley

Wiang
Chiang Rung

Chiang Rai
Airport

Hang

Mae Kok   Wiang

Wiang Chai

Sun Sai

Tha Sai   싼티부리
Santiburi

Artitaya
(Bangkok Royal)

Bangkok

플로라빌
Flora Ville

리버데일
Riverdale RSU Vie

Pak Kret

Rajpruek Club

Northaburi

Royal Gems Golf
& Sports Club

Krisda City

Siam

Sam Phran

Asok(

Rose Garden

Silom&sathorn

Krathum Baen

Ekachai

Mueang Samut

Mueang Samut Sakhon

Best Ocean

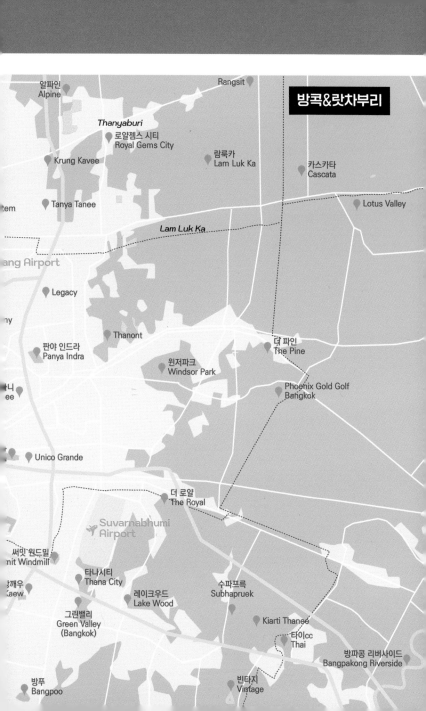

방콕&랏차부리

알파인
Alpine

Rangsit

Thanyaburi
로얄젬스 시티
Royal Gems City

람룩카
Lam Luk Ka

카스카타
Cascata

Krung Kavee

Lotus Valley

Tanya Tanee

tem

Lam Luk Ka

ang Airport

Legacy

ny

판야 인드라
Panya Indra

Thanont

더 파인
The Pine

니
ee

원저파크
Windsor Park

Phoenix Gold Golf
Bangkok

Unico Grande

더 로얄
The Royal

써밋 윈드밀
nit Windmill

Suvarnabhumi
Airport

!깨우
aew

타나시티
Thana City

레이크우드
Lake Wood

수파프륵
Subhapruek

그린밸리
Green Valley
(Bangkok)

Kiarti Thanee

타이cc
Thai

방푸
Bangpoo

빈타지
Vintage

방파콩 리버사이드
Bangpakong Riverside

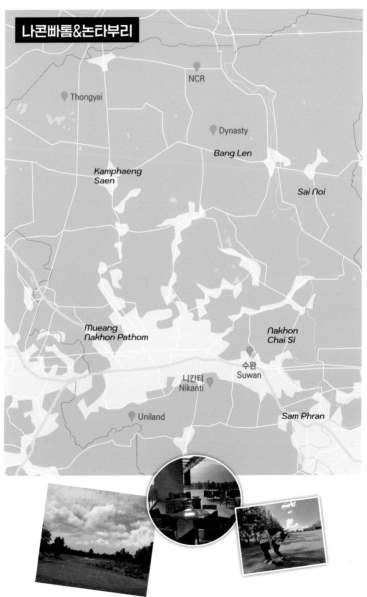

나콘빠톰&논타부리

NCR

Thongyai

Dynasty

Bang Len

Kamphaeng Saen

Sai Noi

Mueang Nakhon Pathom

Nakhon Chai Si

수완 Suwan

니칸티 Nikanti

Uniland

Sam Phran

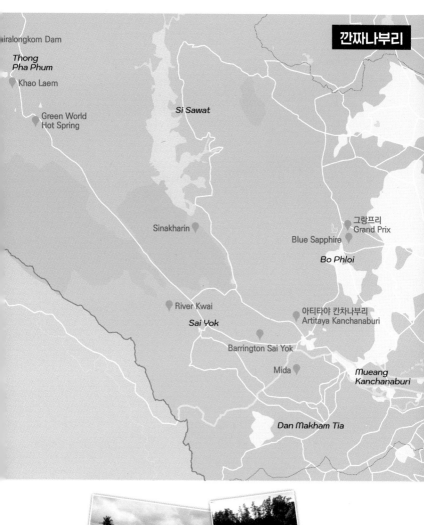

iralongkom Dam

*Thong
Pha Phum*

Khao Laem

Green World
Hot Spring

Si Sawat

Sinakharin

그랑프리
Grand Prix

Blue Sapphire

Bo Phloi

River Kwai

Sai Yok

아티타야 칸차나부리
Artitaya Kanchanaburi

Barrington Sai Yok

Mida

*Mueang
Kanchanaburi*

Dan Makham Tia

태국 지역별 골프장

아유타야

Phra Nakhon
Si Ayutthaya

Sena

Aquarious

Bang Pa-in

방사이
Bang Sai

Bang Sai

Wan
The Wangnoi

**Lat Bua
Luang**

아유타야
Ayutthaya

Rachakram

로얄 방파인
Royal Bang Pa-In

Northern
Rangsit

Muang Ake
Wang Noi

알파인
Alpin

Artitaya

Bang Phae

Photharam

Muang
Ratchaburi

Pak Tho

Sawang

Royal Ratchaburi

Woo-Sung Castle Hill

Panurangsi

미션힐스
Mission Hills

Chom
Bueng

Dragon Hill

Evergreen Hills

싸뭇사콘&펫차부리

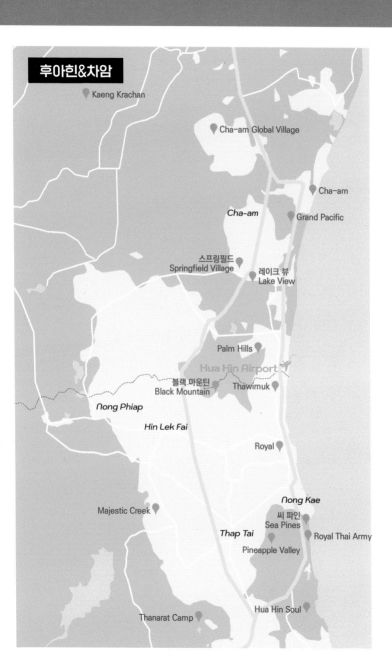

후아힌&차암

Kaeng Krachan

Cha-am Global Village

Cha-am

Cha-am

Grand Pacific

스프링필드
Springfield Village

레이크 뷰
Lake View

Palm Hills

Hua Hin Airport

블랙.마운틴
Black Mountain

Thawimuk

Ոong Phiap

Hin Lek Fai

Royal

Ոong Kae

Majestic Creek

씨 파인
Sea Pines

Royal Thai Army

Thap Tai

Pineapple Valley

Thanarat Camp

Hua Hin Soul

태국 지역별 골프장

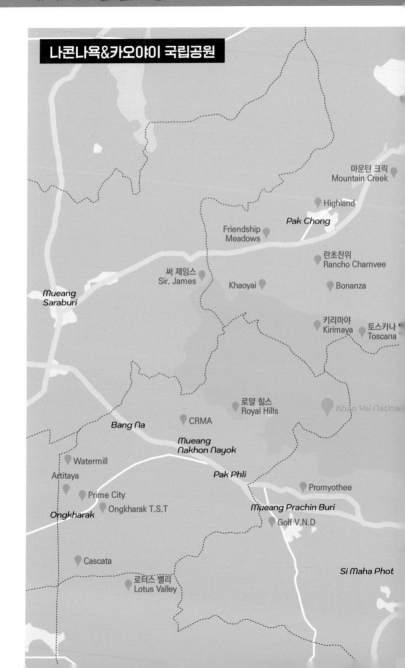

나콘나욕&카오야이 국립공원

마운틴 크릭
Mountain Creek

Highland

Pak Chong

Friendship
Meadows

란초찬위
Rancho Charnvee

써 제임스
Sir. James

Khaoyai

Bonanza

Mueang
Saraburi

키리마야
Kirimaya

토스카나
Toscana

로얄 힐스
Royal Hills

Khao Yai Natina

Bang Na

CRMA

Mueang
Nakhon Nayok

Watermill

Pak Phli

Artitaya

Promyothee

Prime City

Ongkharak T.S.T

Mueang Prachin Buri

Ongkharak

Golf V.N.D

Cascata

Si Maha Phot

로터스 밸리
Lotus Valley

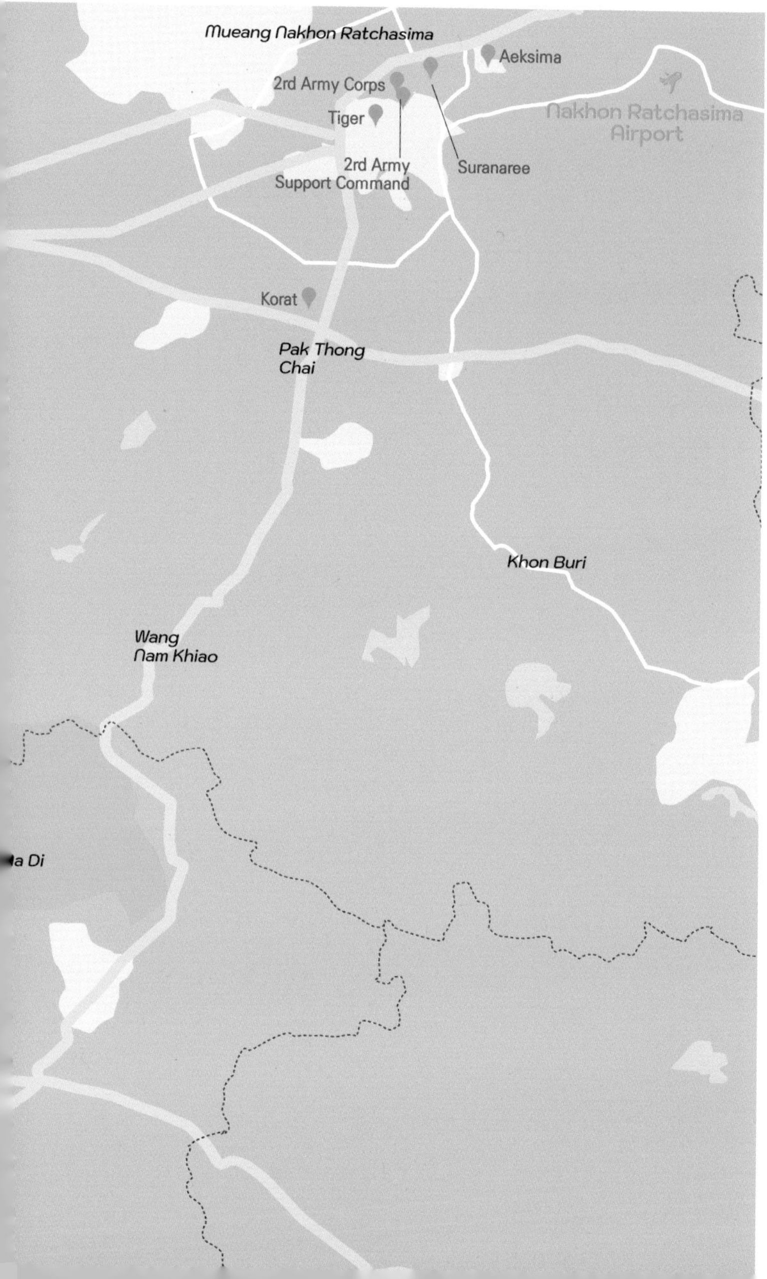
Mueang Nakhon Ratchasima
Aeksima
2rd Army Corps
Tiger
Nakhon Ratchasima Airport
2rd Army Support Command
Suranaree
Korat
Pak Thong Chai
Khon Buri
Wang Nam Khiao

태국 지역별 골프장

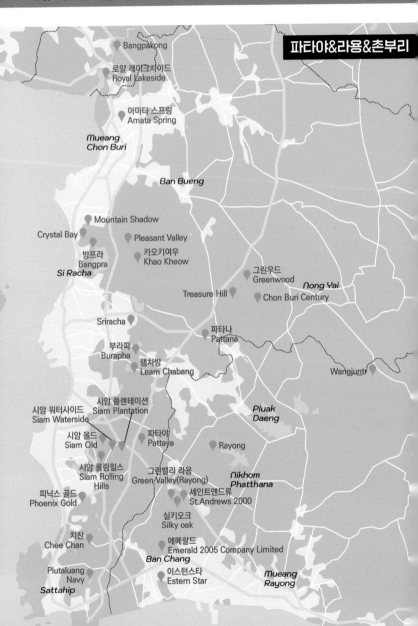

파타야&라용&촌부리

Bangpakong

로얄 레이크사이드
Royal Lakeside

아마타 스프링
Amata Spring

Mueang
Chon Buri

Ban Bueng

Mountain Shadow

Crystal Bay

Pleasant Valley

방프라
Bangpra
Si Racha

카오키여우
Khao Kheow

그린우드
Greenwood
Nong Yai

Treasure Hill

Chon Buri Century

Sriracha

파타나
Pattana

부라파
Burapha

램차방
Leam Chabang

Wangjuntr

시암 플랜테이션
Siam Plantation

시암 워터사이드
Siam Waterside

Pluak
Daeng

시암 올드
Siam Old

파타야
Pattaya

Rayong

시암 롤링힐스
Siam Rolling
Hills

그린밸리 라용
Green Valley(Rayong)

Nikhom
Phatthana

피닉스 골드
Phoenix Gold

세인트앤드류
St.Andrews 2000

실키오크
Silky oak

치찬
Chee Chan

에메랄드
Emerald 2005 Company Limited

Ban Chang

Plutaluang
Navy
Sattahip

이스턴스타
Estern Star

Mueang
Rayong

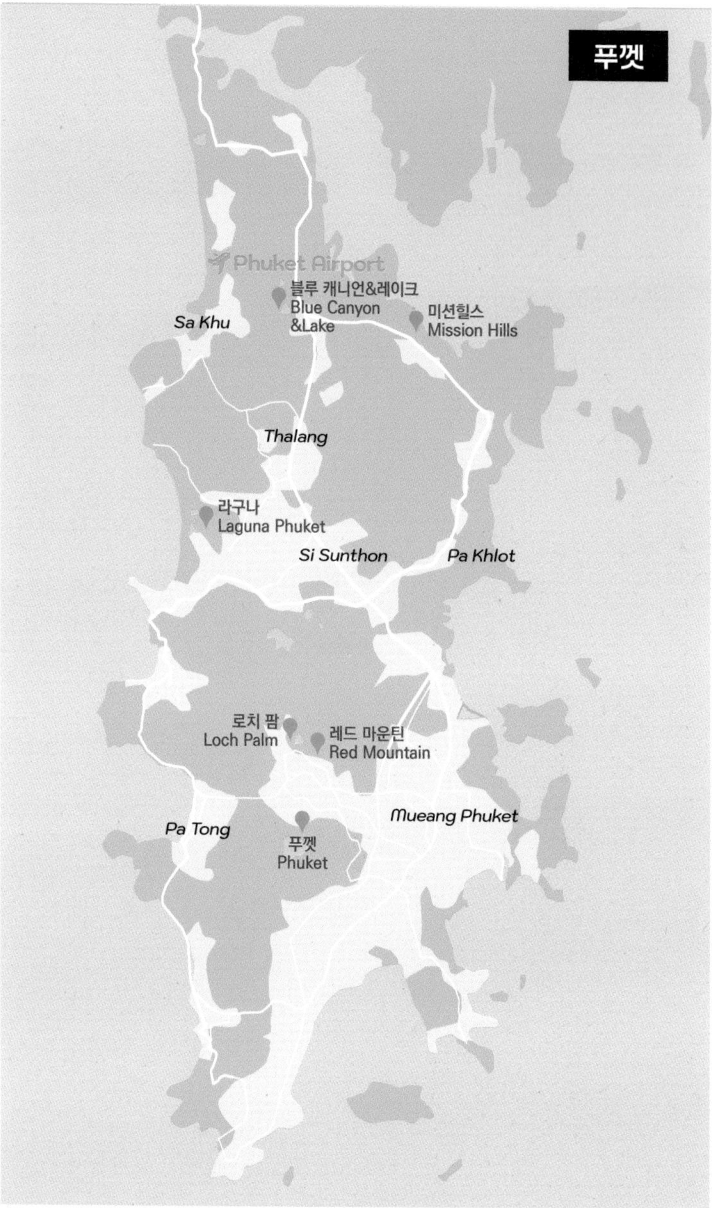

푸껫

Phuket Airport

블루 캐니언&레이크
Blue Canyon
&Lake

미션힐스
Mission Hills

Sa Khu

Thalang

라구나
Laguna Phuket

Si Sunthon

Pa Khlot

로치 팜
Loch Palm

레드 마운틴
Red Mountain

Pa Tong

Mueang Phuket

푸껫
Phuket

태국 유명 골프장 리스트

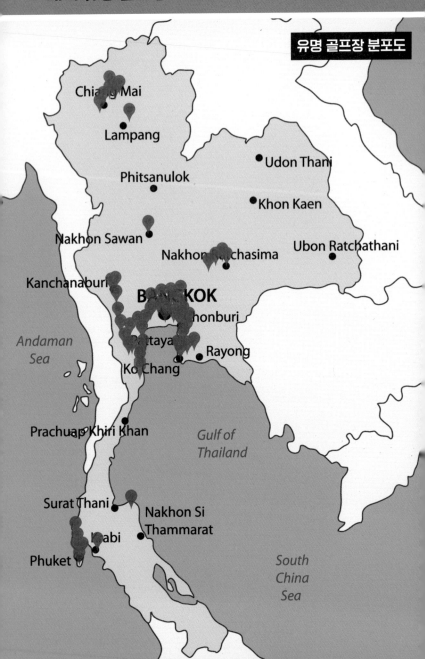

유명 골프장 분포도

Chiang Mai

Lampang

Udon Thani

Phitsanulok

Khon Kaen

Nakhon Sawan

Nakhon Ratchasima

Ubon Ratchathani

Kanchanaburi

BANGKOK

Chonburi

Andaman
Sea

Pattaya

Rayong

Ko Chang

Prachuap Khiri Khan

Gulf of
Thailand

Surat Thani

Nakhon Si
Thammarat

Krabi

Phuket

South
China
Sea

지역	도시	등급	골프코스	홀수	카트 페어웨이 진입	비수기 가격대	성수기 가격대	특징	홈페이지 또는 전화번호
북부		최성급	알파인	27	가능	10만원 초반	10만원 중후반	방콕 알파인과 같은 회사로서, 코스 그린 관리가 잘 되어 있는 최상급 골프 코스	http://www.alpinegolfresort.com
		최성급	하이랜드	27	가능	10만원 초반	10만원 중후반	치앙마이 선역코스로서 시내보다 항상 온도가 낮고, 고풍스러운 클럽하우스와 코스가 잘 관리되어 있다.	http://www.chiangmaihighlands.com
	치앙마이	상급	써밋 그린밸리	18	가능	10만원 이하	10만원 초중반	치앙마이 시내에서 아주 가까워 접근성이 좋고, 최근 잔디 리노베이션으로 코스가 더욱 좋아졌다.	http://www.summitgreenvalley.com/
		중급	가산 레거시	18	가능	5만원대	7만원대	치앙마이 시내에서 45분 거리, 무난한 코스, 성수기 때는 카트와 캐디 부족이 생길 수도 있다.	https://www.gassangolf.com/gassan-legacy/en
		중급	메조 골프	18	가능	7만원대	10만원대	악간의 선악지형이고 웅장한 나무들이 빽빽하게 있는 코스이다. 클럽하우스가 낡았다.	http://www.maejogolfclub.com/
		중급	로얄 치앙마이	18	가능	7만원대	10만원대	치앙마이 시내에서 멀지 않은, 정교한 플레이가 요구되는 코스	http://www.royalchiangmai.com/
동북부	치앙라이	상급	산티부리	18	가능	8만원대	9만원대	태국 골프장 랭킹 10위 안에 있는 치앙라이의 아름다운 골프 코스	http://www.santiburi.com/
	콘껜	상급	싱하파크	18	가능	8만원대	10만원대	태국 유명 맥주회사인 싱하그룹에서 운영하는 아름답고 멋진 골프 코스	https://www.singhapark-khonkaen.com/

	등급	코스명	홀		가격대		설명	웹사이트
	최상급	시암 올드	18	불가	16만원대	19만원대	LPGA 혼다 클래식 대회가 매년 열리는 코스	https://siamcountryclub.com/old-course/
	최상급	시암 플랜테이션	27	불가	16만원대	19만원대	파타야 최상급 코스로 페어웨이 잔디와 그린 관리가 최고인 골프 코스	https://siamcountryclub.com/plantation/
	최상급	시암 워터사이드	18	가능	16만원대	19만원대	파타야 최상급 코스로 페어웨이 잔디와 그린 관리가 최고인 골프 코스	https://siamcountryclub.com/waterside/
	최상급	시암 롤링힐스	18	불가	16만원대	19만원대	파타야 시암 코스 중 가장 최근에 생긴 코스로 코스 상태도 다른 시 엄마 같이 최상급	https://siamcountryclub.com/rolling-hills/
	최상급	치찬	18	가능	15만원대	18만원대	최상급을 표방해서 2018년 개장한 코스. 전경이 상당히 길고 관리가 좋다. 홈급봉상 근처.	http://www.cheechangolf.com/
동부	최상급	램차방	27	불가	13만원대	15만원대	적 니클라우스가 설계한 아름다운 코스. 나무와 조경이 멋지고 잔디 관리가 좋다.	https://www.laemchabanggolf.com/
	중상급	파타나	27	가능	10만원 초반	13만원대	레이크, 우드, 링크스 3개 9홀 코스로 이루어진, 난이도가 높고 잔 장이 길고 관리가 잘 된 코스	http://www.pattana.co.th/
	중상급	피닉스 골드	27	가능	10만원 초반	13만원대	오션, 레이크, 마운틴의 3개 9홀 코스. 파타야 시내에서 제일 가까운 골프장들 중 하나	http://www.phoenixgoldgolf.com/
	중상급	부라파	36	가능	8만원대	10만원 이하	동코스와 서코스로 나누어져 있는 36홀 골프장. 램차방 바로 앞에 위치해 있어 가깝다.	facebook.com/profile.php?id=100057382482955
파타야	중급	파타야	18	가능	7만원대	8만원대	새로 단정한 클럽하우스가 깔끔한 고 시내에서 가까워 항상 손님이 많다	http://www.pattayacountryclub.com

지역	등급	이름	홀				설명	
	중급	세인트앤드류	18	가능	7만원대	8만원대	파6 홀이 두 개나 있는 산악지형의 재미있는 골프 코스	http://www.standrews2000golf.com/
	중급	그린밸리(라용)	18	가능	7만원대	8만원대	세인트앤드류, 실카오크와 같은 클럽하우스를 쓰는 골프 코스. 세 곳 중 가장 평지다.	http://www.standrews2000golf.com/
라용	중급	실카오크	18	가능	6만원대	7만원대	산 정상 쪽을 페어웨이로 만들어 경관이 빼어난 코스	http://www.standrews2000golf.com/
	중급	에메랄드	18	가능	7만원대	8만원대	전형적인 산악지형으로 힌두 골프 코스와 비슷하다. 클럽하우스는 많이 낡은 편이다.	+66 38 941 111
	중급	이스턴 스타	18	가능	6만원대	7만원대	가격에 비해 코스 관리가 좋아 가성비가 뛰어난 코스	http://www.easternstargolfcourse.com/
	최최상급	아마타 스프링	18	가능	20만원 후반	30만원대	명실상부한 태국 내 최고의 골프 코스. 멤버십 코스라 부킹이 어렵지만 가능은 하다.	https://www.amataspring.com/
	중급	그린우드	27	가능	6만원대	7만원대	페어웨이가 넓은 편이고 관리가 잘 되어 있어 가성비가 뛰어난 코스	http://www.gwgolfclub.com/
춘부리	중급	카오키여우	27	가능	7만원대	8만원대	나무가 많고 코스 세팅이 재미있게 되어 있는 코스	http://www.khaokheowgolf.com/
	중급	방프라	18	가능	7만원대	9만원대	전장이 상당히 길고 난이도가 있는 코스. 원숭이가 상주해 있어 소지품에 유의해야 한다.	+66 81 295 6154
찬타부리	상급	차트리움 소이다오	18	가능	8만원대	9만원대	4성급 호텔과 같이 있는, 관리가 잘 되어 있는 골프 코스	https://www.chatrium.com/golfsoidaochanthaburi

지역	등급	코스명	홀		그린피		설명	홈페이지
차층싸오	중상급	방파콩 리버사이드	18	가능	7만원대	8만원대	공항에서 파타야 가는 길에 있는 링크스 골프 코스. 페어웨이가 시원하게 넓다.	https://www.facebook.com/bangpakong.golf/
	중상급	로열 레이크사이드	18	가능	8만원대	10만원대	강과 나무가 조화를 잘 이루고 있는 멋진 레이아웃이 돋보인다.	https://www.royallakeside.com/
	중상급	로터스 밸리	18	가능	6만원대	8만원대	코스와 클럽하우스가 아주 잘 되어 있지만 시내에서 거리가 멀어 저렴한 가성비 코스	http://www.lotusvalley.co.th/
	최상급	토스카나 밸리	18	가능	16만원대	18만원대	유럽풍의 멋진 리조트 안에 있는 최상급 골프 코스	http://www.toscanavalley.com/
	상급	카리마야	18	가능	8만원대	9만원대	잭 니클라우스가 설계한 아름다운 코스. 국립공원 안에 위치해 있어 조경과 조영이 좋다.	http://www.kirimaya.com/resorts/kirimaya-resort
	중상급	마운틴 크릭	27	가능	5만원대	6만원대	정교한 샷이 요구되고 오래된 나무와 바위들이 위압감을 주는 멋진 코스	http://www.mountaincreekthailand.com/
나콘나욕	중상급	로열힐스	18	가능	6만원대	7만원대	카오야이 국립공원 안에 위치해 있어 멋진 나무가 많고 선악지청의 전망이 좋은 코스	+66 86 327 3193
	중상급	린초천위	18	가능	7만원대	8만원대	카오야이 지역 골프장 중에서는 비교적 평탄한 지형. 하지만 전장이 길고 해저드가 많다.	https://www.charnveeresortkhaoyai.com/
	중급	써 제임스	18	가능	5만원대	6만원대	리조트와 같이 있는 골프 코스. 자연 친화적 골프 코스로 숲이 아름답다.	http://www.sirjamesresort.com/

지역	등급	골프장	홀				설명	홈페이지
	최상급	타이 cc	18	가능	18만원대	20만원대	대중상무한 태국 내 방문이 내 방문의 최상급 골프 코스로, 매년 태국 골프장 랭킹 3위권이다.	http://www.thaicountryclub.com/
	최상급	알파인	18	가능	18만원대	20만원대	아시안게임, 조니워커 클래식 등 유명 대회를 가져간 태국 내 최상급 코스 중 한 곳	http://www.alpinegolfclub.com/
	최상급	로얄젬스 시티	18	가능	18만원대	20만원대	미국과 영국 유명 골프 코스를 가 피해서 그대로 재현한 명문 코스	http://www.royalgemsgolfcity.com/
	최상급	니칸티	18	가능	17만원대	19만원대	호텔급 식사 2번과 그늘집 물과 스낵을 무료로 제공하는 최상급 골프 코스	https://www.nikantigolfclub.com/
	최상급	리버데일	18	가능	16만원대	17만원대	태국 대기업 MBK에서 운영하는 최상급 코스. 재미있는 코스	http://mbkgolf.com/riverdale
	최상급	시암 방콕	18	가능	17만원대	19만원대	파타야 최상급 시암그룹에서 방콕에 새롭게 오픈한 최상급 코스	https://siamcountryclub.com/
	최상급	로얄 방파인	18	가능	13만원대	16만원대	드넓고 긴 페어웨이와 관리가 최고인 전디와 그린. 시내에서 약간 멀어서 가격이 저렴하다.	http://www.royalbpgolf.com/
	최상급	나바타니	18	가능	17만원대	19만원대	시내에서 가까운 전통 있는 최상급 코스. 하지만 금액에 비해 코스 관리는 아쉽다.	http://www.navatanee.com/
방콕	상급	무앙깨우	18	가능	13만원대	15만원대	시내에서 아주 가까운 곳에 위치해 있고 코스가 아름답다. 클럽하우스가 좀 낡아서 상급으로 분류	http://www.muangkaewgolf.com/
중부	상급	더 로얄	18	가능	12만원대	14만원대	코스는 최상급과 비교해도 손색이 없지만 클럽하우스가 낡아 비교적 저렴하다.	https://theroyalgolf.com/

등급	코스명	홀	카트	요금1	요금2	특징	홈페이지
상급	타나시티	18	가능	12만원대	14만원대	리조트, 연습장, 부대시설. 클럽하우스 등은 최상. 코스가 단조로워 초보자들이 좋아한다.	http://www.thanacitycountryclub.com/
상급	윈드밀	18	불가	12만원대	14만원대	시내에서 가깝고 코스 난이도가 있어 한국인들은 많이 찾는 곳. 부대시설은 최상이다.	http://www.summitwindmillgolfclub.com/
중상급	카스카타	36	가능	8만원대	10만원	페어웨이와 그린 관리가 잘 되어 있는 아름다운 코스. 그린이 어려운 편이다.	http://www.cascata.co.th/
중상급	람룩카	36	가능	8만원대	10만원	나무가 많고 코스 세팅이 재미있게 되어 있는 코스. 그린이 작은 편이다.	http://www.lamlukkacc.com/contact.html
중상급	수완	18	가능	9만원대	10만원대	아름다운 조경. 깔끔한 코스. 세심한 잔디 관리 등 모든 사람들이 좋아하는 코스	http://www.suwangolf.com/
중상급	파인허스트	27	가능	9만원대	10만원대	방콕의 전형적인 중상급 코스로서 클럽하우스와 코스가 무난하다. 프리티 캐디 운영.	https://www.pinehurst.co.th/
중상급	크룽텝 키타	18	불가	9만원대	10만원대	시내에서 제일 가깝고 태국 내 최고가의 멤버십 가격을 자랑하는 골프장. 잔디와 그린 관리도 좋다.	http://www.krungthepkreetha.co.th/
중상급	레이크우드	27	가능	8만원대	9만원대	레이크우드 링크스까지 총 45홀의 대형 골프장. 방나 지역에 있어 접근성도 좋다.	http://www.lakewoodcountryclub.co.th/
중상급	그린밸리(방콕)	18	가능	8만원대	10만원대	시내에서 가깝고 코스 난이도가 있어 한국인들이 많이 찾는 곳. 부대시설은 좀 낡은 편이다.	http://www.greenvalleybangkok.com/
중상급	플로라빌	18	가능	8만원대	9만원대	클럽하우스를 새로 지어 깔끔한 곳. 골프 코스는 무난하지만 관리는 떨어진다	https://floragolfcourse.com/

등급	골프장	홀	카트진입	가격	가격	설명	웹사이트
중상급	판야 인드라	27	불가	10만원대	12만원대	엄브렐러클럽 중 우선캐디로 유명한 골프장. 부대시설은 낮았지만 코스는 깔끔하다.	http://www.panyagolf.com/
중상급	방콕 (골프)	18	가능	9만원대	11만원대	최상급 리버데일과 같은 곳에 있다. 대기업 MBK가 운영해서 관리는 항상 수준하다.	https://www.mbkgolf.com/bangkok-golf/
중상급	빈티지	18	가능	9만원대	11만원대	시내에서 접근성이 좋고 조경이 아름다운 골프장. 클럽하우스 등 부대시설은 낡은편이다.	http://www.vintagegolfthai.com/
중상급	수파프룩	18	불가	8만원대	10만원대	조경이 너무 아름다운 골프장. 페어웨이는 너무 푹신해서 린이 없고, 부대시설은 낡은 편이다.	http://www.subhapruekgolf.com/
중상급	윈저파크	36	부분 가능	8만원대	10만원대	AB 코스는 카트 진입 불가, CD 코스는 진입 가능. 36홀의 대형 코스로서 모든 것이 무난한 코스.	http://www.windsorgolf.co.th/
중상급	방푸 (골프)	18	가능	8만원대	10만원대	보이지는 않지만 방콕 바다와 가까운 골프장. 항상 바람이 많이 불어 난이도가 높다.	http://www.bangpoogolf.com/
중급	더 파인	18	불가	5만원대	7만원대	중상급에 버금갈 정도로 코스 관리가 좋지만 클럽하우스 등은 좋지 않다. 가성비 골프장이다.	http://www.thepinegolf.com/
중상급	아유타야	18	가능	6만원대	8만원대	전장이 길고 페어웨이가 넓은 링 코스 코스. 모든 것이 시원하게 펼쳐져 있다.	http://www.aygolfclub.com/2011/index.php
중급	방사이	27	가능	6만원대	7만원대	가격에 비해 클럽하우스와 골프 코스가 좋아 가성비 골프장이다.	http://bangsaicountyclub.com/

아유타야

지역	등급	코스명	홀	예약	가격1	가격2	설명	URL
깐짜나부리	최상급	그랑프리	18	가능	7만원대	10만원대	깐짜나부리에 위치한 최상급 골프 코스. 코스 레이아웃도 좋고 관리 상태도 최상이다.	https://www.grandprixgolfclub.com/th/
	중급	미션힐즈	18	가능	3만원대	5만원대	잭니클라우스가 설계한 훌륭한 골프 코스. 모든 홀의 레이아웃이 재미있다.	+66 34 510 591
	중급	아티타야 깐짜나부리	27	가능	3만원대	5만원대	콰이강 언덕에 평화롭게 자리잡은 조용하고 아름다운 코스	https://www.facebook.com/BlueSapphiregolf/
	최상급	블랙 마운틴	27	가능	10만원대	10만원후반	한때 태국 골프장 랭킹 1위를 지졌던 최상급 골프 코스	http://www.blackmountainhuahin.com/
	최상급	반얀	18	가능	10만원대	10만원후반	블랙 마운틴과 더불어 후아힌 최상급 골프 코스. 대형 호텔체인 반얀에서 운영한다.	http://www.banyanthailand.com/
후아힌	중상급	스프링필드	27	가능	10만원초	10만원중반	잭 니클라우스의 걸작 중 하나로서 잘 관리된 코스	http://www.springfieldresort.com/golf/
	중상급	씨 파인	18	가능	7만원대	8만원대	바닷가 바로 옆에 있어서 바다가 보이는 아름다운 코스. 관리 상태도 좋다.	https://www.seapine.co.th/golf-course/
	중상급	레이크 뷰	36	가능	8만원대	10만원대	크고 멋진 리조트와 36홀의 대형 골프 코스. 아름답고 레이아웃 부진 많이 좋다.	http://www.lakeviewgolf.co.th/
꼬싸무이	성급	싼티부리 사무이	18	가능	15만원대	20만원대	꼬싸무이 섬의 산악지형에 있는 아름다운 코스. 태국 골프 랭킹에도 항상 올라간다.	https://santiburisamui.com

부록

지역	등급	골프장	홀				설명	홈페이지
	최상급	레드 마운틴	18	가능	16만원대	20만원대	대기업 MBK가 운영하는 골프장. 이름처럼 빨간색 선이 특징이다. 코스는 최상급	https://www.mbkgolf.com/red-mountain/
	최상급	블루캐니언 레이크	18	가능	8만원대	9만원대	푸껫 최상급 블루캐니언 캐니언 코스 옆에 위치해 있고, 호수를 끼고 코스가 조성되어 있다.	https://www.bluecanyonphuket.com/
	최상급	블루캐니언 캐니언	18	가능	9만원대	10만원대	태국 골프장 랭킹 10위 안에 항상 들어가고 조니워커 클래식 대회가 열리는 코스	https://www.bluecanyonphuket.com/
푸껫	상급	라구나	18	가능	10만원 중반	10만원 후반	푸껫 리조트 단지 내에 위치한 파 71 골프 코스. 계절에 따라 코스 상태에 기복이 있다.	https://lagunagolfphuket.com/
	상급	로치 팜	18	가능	10만원 초중반	10만원 후반	리버데일, 레드 마운틴을 운영하는 MBK가 관리하는 골프장으로 믿고 가는 골프장	http://www.lochpalm.com/
	상급	미션힐스 (푸껫)	18	가능	10만원 중반	10만원 후반	잭 니클라우스가 설계한 코스. 태국 최초로 PGA 규격에 맞게 지은 코스	http://www.phuketcountryclub.com/

※ 각 골프장들을 주소 지역별로 세분화하면 너무 복잡해지서 유명 지역 인에 넣어 분류했다. 즉, 방콕이 주소지인 골프장은 3~4개밖에 안 되고 나머지는 전부 방콕 근교에 위치해 있으나 방콕으로 분류하였다. 따라서도 마찬가지다.
골프장 가격은 그린피+카트비+캐디피 포함 기준 금액이다.

초간단 골프 관련 표현 Summary

○ 단어

앞핀	통나	앞바람	투언롬
중간핀	통끄랑	뒷바람	땀롬
뒤핀	통랑	옆바람	쾅롬
왼쪽	싸이	오르막	탕크
오른쪽	콰	내리막	탕롱
골프공	룩껍	골프	껍
장갑	퉁므	골프장	싸남 껍
관광	티여우	깃발/깃대	통
아침	차오	골프백	통 껍
낮	바이	골프 연습장	싸남 다이
저녁	옌	벙커	싸이
천천히	차차	해저드(물)	남
직진/똑바로	똥빠이	음료수	크르엉 듬
온그린	온레오	냉커피	카페옌
짧다	싼레오	드라이버	드라이버 or 마이능
넘어가다	캄레오	우드	마이

3번 우드	마이쌈	3번 홀	룸티쌈
5번 우드	마이하	4번 홀	룸티씨
아이언	렉	5번 홀	룸티하
7번 아이언	렉쨋	6번 홀	룸티혹
8번 아이언	렉빳	7번 홀	룸티쨋
피칭	피	8번 홀	룸티빳
샌드	샌드	9번 홀	룸티까오
52도	하씹쏭	10번 홀	룸티씹
54도	하씹씨	11번 홀	룸티 씹엣
56도	하씹혹	12번 홀	룸티 씹썽
58도	하씹빳	13번 홀	룸티 씹쌈
퍼터	펏	14번 홀	룸티 씹씨
파3	파쌈	15번 홀	룸티 씹하
파4	파씨	16번 홀	룸티 씹혹
파5	파하	17번 홀	룸티 씹쨋
1번 홀	룸티능	18번 홀	룸티 씹빳
2번 홀	룸티썽	○	○

초간단 골프 관련 표현 Summary

○ 표현

말하는 사람이 여성일 때는 문장 뒤에 '캅' 대신 '카'를 붙인다.

오늘 만나서 반갑습니다.	완니 인디 티 다이루짝캅
벙커까지는 거리가 얼마입니까?	틍싸이 까이 타오라이랍?
내가 친 공 봤어요?	헨 룩 마이캅?
공은 어디로 갔나요?	룩 빠이 탕 나이캅?
공은 어디에 있나요?	룩 유 티나이캅?
공을 찾을 수 있을까요?	하 룩 쩌 마이캅?
그만 찾고 그냥 갑시다.	마이 떵 하 래우캅 / 빠이깐터랍
핀을 그냥 꽂아 주세요.	추어이 빡 통 와이 하이 너이랍
핀을 좀 빼주실래요?	아우통 억 하이 너이랍?
조용히 해주세요.	추어이 바오 씨양 너이랍
마크해주세요.	마크 하이 너이랍
공을 좀 닦아주세요.	쳇 룩 하이 너이랍
라이를 좀 봐주실래요?	추어이 두 라이 하이 너이랍?
공 좀 주세요.	커 룩 캅
공을 쳐도 될까요?	띠 다이 마이캅?
가도 될까요?	빠이 다이 마이캅?

몇 시에 어두워집니까?	뭇 끼몽캅?
첫 번째 티업은 몇 시입니까?	티엎 랙 끼몽캅?
마지막 티업은 몇 시입니까?	티엎 숫타이 끼몽캅?
18홀 가능할까요?	씹뺏 룸 다이 마이캅?
편안하세요?	싸바이 디 마이캅?
좋습니다.	디캅
당신은요?	래우 쿤라캅?
저 역시.	찡두캅
잠깐만(요).	러 싹크루캅
잘하시네요!	껭짱르~이캅!
어느 쪽으로 쳐야 되죠?	띠 빠이 탕나이 디캅?
OB가 있나요?	미 오비 마이캅?
여기 세워주세요.	쩟 티니캅
먼저 가세요.	빠이 껀르~이캅
몇 번째 홀입니까?	룸 티 타오라이캅?
담배 피워도 됩니까?	쑵 부리 다이 마이캅?
됩니다.	다이캅

잘 모르겠는데요.	마이 내짜이랍
몇 야드 남았나요?	르어이 이끼야드랍?
그린까지 얼마나 됩니까?	틍끄랑 그린 타오라이랍?
그린 중앙까지는요?	틍끄랑 그린 까이 타오라이랍?
벙커에 빠졌어요.	똑싸이랍
해저드(물)에 빠졌어요.	똑남랍
나무 위로 넘겨 치세요.	띠 카~암 똔마이 나랍
조심/주의하세요.	라~왕
천천히 (운전하세요).	랍 차차
왼쪽으로 가세요.	려우 싸이랍
오른쪽으로 가세요.	려우 콰랍
공을 땅에 놓으세요.	왕 룩 하이너이랍
비가 와요.	폰 똑랍
음료수 드세요.	듬 남 껀랍
물 좀 주세요.	커 남 너이랍
얼음과 컵을 주세요.	커 남캥 깝 깨우 너이랍
얼마입니까?	탕못 타오라이랍?

피곤합니다.	느어이캅
오후 2시에 만나요.	쩌깐 바이 썽몽 나캅
식사했어요?	낀 (탄) 카오 르앙캅?
먹었습니다.	낀 (탄) 래우캅
아직 안 먹었습니다.	양 마이다이 탄캅
오늘 매우 즐거웠습니다.	완니 싸눅 막캅
좀 천천히 말해주세요.	추어이 풋 차차 너이캅
내일 다시 만날 수 있나요?	프룽니 짜다이 쩌깐 익 마이캅?
내일 아침 6시 30분에 만날 수 있나요?	프룽니 차오 쩌깐 혹몽크릉 마이캅?
(안마를) 세게	낙낙
(안마를) 살살	바우바우
여기가 아파요.	쩹 똥니캅
여기를 오래 해주세요.	곳 똥니 낙낙 너이캅

알고 가면 더 즐거운 태국 여행

송크란(Songkran) 물 축제

태국에서 가장 활기차고 모두가 즐거워하는 축제다. 물 붓기
[뿌리기]는 송크란의 대표적인 풍습으로 정화와 존경, 행운을
비는 의미를 갖고 있다. 그래서 한해 불운을 씻는 의미로 거리
에서 서로에게 물을 뿌리고 진흙을 발라주는 행사를 하고 있다.
이 축제 기간 동안 방콕과 치앙마이 등 전국에서는 서로에게
물을 뿌리거나 물총을 쏘는 대규모 물축제가 진행되는데, 대형
살수차와 코끼리가 동원되기도 한다.
세계적인 축제로 발전한 송크란은 2023년 12월 유네스코 무
형문화유산으로도 지정됐다. 이 시기에 맞춰 태국을 방문하는
외국인 관광객이 매년 50만 명에 이른다고 한다. 하지만 많은
사람이 몰리는 현장인 만큼 매년 각종 사건 사고도 잇따른다.

유네스코 무형문화유산으로 지정

이중 방콕 도심 랏차담넌 끄랑과 싸남루앙에서 열리는 마하 송
크란 축제(4월 13일~15일경, 지역별로 다름)가 가장 유명한데,
이것은 전 세계인을 대상으로 하는 관광 상품이 되었다.
태국 정부는 이 축제로 연 28억 8600만 바트(약 1081억원)의
직·간접 경제 효과가 유발되는 것으로 보고 있어, 태국 경제에
도 막대한 영향을 끼치는 축제로 발전했다.

PART 03

<u>태국 골프 회화</u>

I have a tip that can take five strokes off anyone's golf game, it's called eraser.

기본 표현

The way to success is always under construction.

_Arnold Palmer

태국어의 어순는 한국어와 같다. 단, 5개의 성조와 장음, 단음을 구분
해야 한다. 같은 단어라도 끝을 올리느냐, 내리느냐, 발음을 길게 하
느냐, 짧게 하느냐에 따라 전혀 다른 단어가 된다.

가장 기본적인 인사는 안녕!에 해당하는 '싸왓디'다. 두 손을 합장한 자
세로 허리를 숙이며 말한다. 뒤에 캅(크랍)이나 카를 붙이면 높임말이
되는데, 말하는 사람이 남성일 경우는 캅/크랍(ครับ), 여성일 경우는 카
(ค่ะ)를 붙인다. '나'라는 표현 또한 남녀가 다른데, 남성은 '폼(ผม)', 여
성은 '찬(ฉัน)'이라고 한다. (기본 표현 이후부터 카(ค่ะ), 찬(ฉัน) 표기 생략)

○ 기본 숫자

우리말	영어	태국어	태국어
0	zero	쑨	ศูนย์
1	one	능	หนึ่ง
2	two	썽	สอง
3	three	쌈	สาม
4	four	씨	สี่
5	five	하	ห้า
6	six	혹	หก
7	seven	쨋	เจ็ด

★★★ 골프는 단순한 오락으로 하는 사람에게는 풀리지 않는 수수께끼로 남는
다. _G. H. 테일러

8	eight	뺏	แปด
9	nine	까오	เก้า
10	ten	씹	สิบ
11	eleven	씹엣	สิบเอ็ด
12	twelve	씹썽	สิบสอง
13	thirteen	씹쌈	สิบสาม
20	twenty	이씹	ยี่สิบ
21	twenty-one	이씹엣	ยี่สิบเอ็ด
22	twenty-two	이씹썽	ยี่สิบสอง
23	twenty-three	이씹쌈	ยี่สิบสาม
30	thirty	쌈씹	สามสิบ
40	forty	씨씹	สี่สิบ
50	fifty	하씹	ห้าสิบ
60	sixty	혹씹	หกสิบ
70	seventy	쨋씹	เจ็ดสิบ
80	eighty	뺏씹	แปดสิบ

★★★ 인내심을 갖는 자는 원하는 것을 손에 넣을 수 있다.

_플랭클린 D. 루스벨트

90	ninety	까오씹	เก้าสิบ
100	one hundred	능러이	หนึ่งร้อย
101	one hundred one	능러이능	หนึ่งร้อยหนึ่ง
102	one hundred two	능러이썽	หนึ่งร้อยสอง
103	one hundred three	능러이쌈	หนึ่งร้อยสาม
110	one hundred ten	능러이씹	หนึ่งร้อยสิบ
135	one hundred thirty−five	능러이쌈씹하	หนึ่งร้อย สามสิบห้า
150	one hundred fifty	능러이하씹	หนึ่งร้อยห้าสิบ
200	two hundred	썽러이	สองร้อย
700	seven hundred	쨋러이	เจ็ดร้อย
1,000	one thousand	판	หนึ่งพัน
4,000	four thousand	씨판	สี่พัน
10,000	ten thousand	능믄	หนึ่งหมื่น
100,000	one hundred thousand	능쎈	หนึ่งแสน

★★★ 언듈레이션을 생명으로 하는 볼 게임은 골프 말고는 없으며, 이것은 가장 자랑할 만한 특징이다. _H. 뉴턴 위저레드

어제	Yesterday	므어완	เมื่อวาน
오늘	Today	완니	วันนี้
내일	Tomorrow	프룽니	พรุ่งนี้
모레	Next tomorrow	므어룬~	มะรืน
지난달	Last month	드언티래우	เดือนที่แล้ว
이번달	This month	드언니	เดือนนี้
다음달	Next month	드언나~	เดือนหน้า
지난해/작년	Last year	삐티래우	ปีที่แล้ว
올해	This year	삐니	ปีนี้
내년	Next year	삐나~	ปีหน้า
월요일	Monday	완짠	วันจันทร์
화요일	Tuesday	완앙칸	วันอังคาร
수요일	Wednesday	완풋	วันพุธ
목요일	Thursday	완프르핫싸버디	วันพฤหัสบดี
금요일	Friday	완쑥	วันศุกร์

★★★ 골프는 인생의 거울, 티샷에서 퍼팅까지의 과정이 바로 인생 항로다. 동작 하나하나가 바로 그 인간됨을 적나라하게 드러낸다. _윌리엄 셰익스피어

토요일	Saturday	완싸오	วันเสาร์
일요일	Sunday	완아팃	วันอาทิตย์
1월	January	마까라콤	มกราคม
2월	February	꿈파판	กุมภาพันธ์
3월	March	미나콤	มีนาคม
4월	April	매싸욘	เมษายน
5월	May	프룻 싸파콤	พฤษภาคม
6월	June	미투나욘	มิถุนายน
7월	July	까라까다콤	กรกฎาคม
8월	August	싱하콤	สิงหาคม
9월	September	깐야욘	กันยายน
10월	October	뚤라콤	ตุลาคม
11월	November	프룻 싸찌까욘	พฤศจิกายน
12월	December	탄와콤	ธันวาคม
0시	0.00	티양큰	เที่ยงคืน
1시	1 AM	띠틍	ตี 1

★★★ 고수는 본 대로 공이 가고, 중수는 친 대로 공이 가고, 하수는 걱정한 대로 공이 간다. _작자 미상

2시	2 AM	띠썽	ตี 2
3시	3 AM	띠쌈	ตี 3
4시	4 AM	띠씨	ตี 4
5시	5 AM	띠하	ตี 5
6시	6 AM	혹몽차오	หกโมงเช้า
7시	7 AM	쨋몽차오	เจ็ดโมงเช้า
8시	8 AM	뺏몽	แปดโมง
8시반	8.30 AM	뺏몽 큰	แปดโมงครึ่ง
9시	9 AM	까오몽	เก้าโมง
10시	10 AM	씹몽	สิบโมง
11시	11 AM	씹엣몽	สิบเอ็ดโมง
12시/정오	12.00	티양	เที่ยง
오후 1시	1 PM	바이몽	บ่ายโมง
오후 2시	2 PM	바이썽	บ่ายสอง
오후 3시	3 PM	바이쌈	บ่ายสาม
오후 4시	4 PM	씨몽옌	บ่ายสี่โมง

★★★ 백스윙을 오른쪽 귀에 앉아 있는 파리라도 잡을 것처럼 성급하게 휘둘러 올리지 마라. _윌트 심프슨

오후 5시	5 PM	하몽옌	ห้าโมงเย็น
오후 6시	6 PM	혹몽옌	หกโมงเย็น
오후 7시	7 PM	능툼	หนึ่งทุ่ม
오후 8시	8 PM	썽툼	สองทุ่ม
오후 9시	9 PM	쌈툼	สามทุ่ม
오후 10시	10 PM	씨툼	สี่ทุ่ม
오후 11시	11 PM	하툼	ห้าทุ่ม
1시간(동안)	1 Hour	능 추몽	1 ชั่วโมง
2시간(동안)	2 Hours	썽 추몽	2 ชั่วโมง
3시간(동안)	3 Hours	쌈 추몽	3 ชั่วโมง
30분(동안)	30 Minutes	쌈씹 나티	สามสิบนาที
5분(동안)	5 Minutes	하 나티	ห้านาที

★ 시간은 '추몽', 분은 '나티'를 숫자 뒤에 붙이면 된다.

★★★ 나이스 샷은 우연일 뿐, 나쁜 샷이 좋은 연습이 된다는 것을 모른다면 골프를 마스터할 수 없다. _유진 R. 블랙

기본 위치 단어

여기	here	티니	ที่นี่
저기, 거기	there	티난	ที่นั่น
이쪽	this way	탕니	ทางนี้
저쪽	there	탕난	ทางนั้น
동(쪽)	East	팃따완 억	ทิศตะวันออก
서(쪽)	West	팃따완 똑	ทิศตะวันตก
남(쪽)	South	팃따이	ทิศใต้
북(쪽)	North	팃 느~아	ทิศเหนือ
밖	outside	캉 넉	ข้างนอก
안	inside	캉 나이	ข้างใน

★★★ 골퍼의 목적은 사람을 놀라게 하는 샷이 아니라 미스를 착실하게 줄이는 데 두어야 한다. _J. H. 테일러

○ **기본 표현**

안녕하세요!
Hello!
Hi!

싸왓디 캅(카)
สวัสดีครับ(ค่ะ)

감사합니다, 고맙습니다.
Thank you
Thanks.

컵쿤 캅(카)
ขอบคุณครับ(ค่ะ)

실례합니다, 죄송합니다.
I'm sorry.

커 톳 캅(카)
ขอโทษครับ(ค่ะ)

괜찮습니다.
That's okay.
Naver mind.

마이 뺀라이 캅(카)
ไม่ เป็นไรครับ(ค่ะ)

★★★ 골프에서 최고참 멤버는 사람들에게 이렇게 어드바이스한다. "사람들에 게 어드바이스해서는 안 된다." _P. G. 우드하우스

105

천만에요.

You're Welcome.

My pleasure.

두어이 콤 인디캅(카)

ด้วยความยินดี<u>ครับ</u>(ค่ะ)

도와주세요, 도와주실 수 있나요?

Please, help me.

Could you help me?

추어이 너이캅(카) ?

ช่วยหน่อย<u>ครับ</u>(ค่ะ)?

(급할 때) 도와주세요

Help me!

Help!

Emergency!

추어이 두어이 캅(카)

ช่วยด้วย<u>ครับ</u>(ค่ะ)

부탁해도 될까요?, 부탁입니다.

May I ask you a favor?

추어이 아라이 너이 다이마이캅
(카) ?

ช่วยอะไรหน่อยได้ไหม
<u>ครับ</u>(ค่ะ)?

★★★ 진정한 골퍼란 정신적으로 진지한 골프를 하는 사람을 말하며 볼을 치
는 기술이 뛰어난 사람을 지칭하지는 않는다. _P. G. 우드하우스

몰라요.
I don't know.

마이 루 캅(카)
ไม่รู้<u>ครับ</u>(<u>ค่ะ</u>)

할 줄 몰라요.
I don't know how to do it.
(방법을 모를 때)

탐 마이 뻰캅(카)
ทำไม่เป็น<u>ครับ</u>(<u>ค่ะ</u>)

할 수 없어요.
I can't do it.

탐 마이 다이캅(카)
ทำไม่ได้ <u>ครับ</u>(<u>ค่ะ</u>)

좀 적어주세요
Please write it down.

추어이 키엔 하이너이캅(카)
ช่วยเขียนให้หน่อย<u>ครับ</u>(<u>ค่ะ</u>)

★★★ 골프는 미국인이 좋아하는 두 가지 오락, 먼 길 산책과 막대기로 공을 치는 것이 합쳐진 것이다. _P. J. 월록

107

영어를 (전혀) 할 줄 몰라요
I don't speak English (at all).

폼(찬) 풋 파사앙끄릿 마이다이르~이랍(카)
<u>ผม</u>(ฉัน)พูดภาษาอังกฤษไม่ได้เลย<u>ครับ</u>(ค่ะ)

★ 영어(English): 파사앙끄릿
ภาษาอังกฤษ
한국어(Korean): 파사까오리
ภาษาเกาหลี

태국어를 (전혀) 할 줄 몰라요
I don't speak Thai (at all).

폼(찬) 풋 파사타이 마이다이 르~이랍(카)
<u>ผม</u>(ฉัน)พูดภาษาไทยไม่ได้เลย<u>ครับ</u>(ค่ะ)

어떻습니까?
How is it?

빤 양아이 방 캅(카)?
เป็นยังไงบ้าง<u>ครับ</u>(ค่ะ)?

예.
YES.

차이 캅(카)
ใช่<u>ครับ</u>(ค่ะ)

★★★ 진정한 골퍼는 4퍼트째 라인을 읽을 때 결코 울지 않는다.
_가랜 하위츠

예, 그렇게 해주세요.
Yes, please.

오케이 캅(카)
ok ครับ(ค่ะ)

아니오.
NO.

마이 차이 캅(카)
ไม่ใช่ครับ(ค่ะ)

아니오, 괜찮습니다.
No, thanks.

마이 뻰라이랍(카)
ไม่เป็นไรครับ(ค่ะ)

안 돼요.
No way.

마이다이랍(카)
ไม่ได้ครับ(ค่ะ)

싫어요.
I don't want.
I don't like it.

마이 처업캅(카)
ไม่ชอบครับ(ค่ะ)

★★★ 아무리 세월이 흘러도 스트로크의 중요한 가치를 알려고 하지 않는 골
퍼가 있다. _게리 플레이어

오케이, 좋습니다.
All right.

차이 다이캅(카)
ใช้ได้ครับ(ค่ะ)

물론이에요.
Of course.

내넌캅(카)
แน่นอนครับ(ค่ะ)

맞아요.
That's right.

툭떵캅(카)
ถูกต้องครับ(ค่ะ)

저기요(사람을 부를 때)
Hey (there)!

쿤 캅(카)!(사람을 부를 때)
คุณครับ(คะ)!

저기요(지나갈 때)
Excuse me!

커톳캅(카)
ขอโทษครับ(คะ)

안타까워요, 유감이에요.
I'm sorry.

씨아짜이 두어이 나캅(카)
เสียใจด้วยนะครับ(คะ)

★★★ 70세 노인의 두뇌에, 경험과 인내와 판단력을 지닌 미식축구 선수 같은
강한 체력을 지닌 사람이 이상적인 골퍼상이다. _게리 플레이어

110

급해요.
I'm in a hurry.

폼(찬) 깜랑 리입캅(카)
ผม(ฉัน)กำลังรีบ<u>ครับ</u>(ค่ะ)

빨리.
Quickly!

래우래우!
เร็วๆ!

(나에게) 문제가 생겼어요.
I have a problem.

폼(찬) 미 빤하캅(카)
<u>ผม</u>(ฉัน)มีปัญหา<u>ครับ</u>(ค่ะ)

(잘) 모르겠어요.
I don't know.
I don't understand.
(말뜻을 이해하지 못할 때)

마이 내 짜이캅(카)
ไม่แน่ใจ<u>ครับ</u>(ค่ะ)

필요해요.
I need (it).

아우캅(카)
เอา<u>ครับ</u>(ค่ะ)

★★★ 위대한 플레이어일지라도 여러 차례 패하는 것이 골프다.

_게리 플레이어

필요 없어요.
I don't need (it).

마이 아우랍(카)
ไม่เอาครับ(ค่ะ)

알려주세요, 가르쳐주세요.
Please let me know.
Teach me Please.

추어이 벅 너이랍(카)
ช่วยบอกหน่อยครับ(ค่ะ)
추어이 썬 너이랍(카)
ช่วยสอนหน่อยครับ(ค่ะ)

천천히.
Slowly.

차차랍(카)
ช้าๆครับ(ค่ะ)

조심하세요.
Look out!
Be careful.

라왕랍(카)
ระวังครับ(ค่ะ)

서둘러 주세요.
Please hurry up.

추어이 리입 너이랍(카)
ช่วยรีบหน่อยครับ(ค่ะ)

★★★ 롱퍼트가 거리감이면 숏퍼트는 자신감과 용기다. _골프 격언

| 언제요? | 므어라이 캅(카)? |
| When? | เมื่อไหร่<u>ครับ</u>(ค่ะ)? |

| 왜요? | 탐마이 캅(카)? |
| Why? | ทำไม<u>ครับ</u>(ค่ะ)? |

| 어디요? | 티 나이 캅(카)? |
| Where? | ที่ไหน<u>ครับ</u>(ค่ะ)? |

| 뭐예요?, 무엇입니까? | 아라이 캅(카)? |
| What is it? | อะไร<u>ครับ</u>(ค่ะ)? |

| 얼마예요? | 타오라이캅(카)? |
| How much? | เท่าไหร่<u>ครับ</u>(ค่ะ)? |

* 이것(this): 니~ นี้

그것, 저것(that): 난 นั้น, 논 โน้น

★★★ 하찮은 스코어 때문에 인격을 부정당하지 말라. _골프 격언

(가지고) 있어요?
Do you have it?

미 마이랍(카)
มีไหม<u>ครับ</u>(คะ)?

있어요, 가지고 있어요.
I have it.

미 랍(카)
มี<u>ครับ</u>(ค่ะ)

없어요, 가지고 있지 않아요.
I don't have it.

마이 미 캅(카)
ไม่มี<u>ครับ</u>(ค่ะ)

정말이에요?
Really?

찡러캅(카)
จริงหรอ<u>ครับ</u>(คะ)

저도 그렇게 생각해요.
I think so.
I feel the same way.

<u>폼</u>(찬) 꺼킷 뱁난캅(카)
<u>ผม</u>(ฉัน)ก็คิดแบบนั้น<u>ครับ</u>(ค่ะ)

★★★ 골프 스윙이란 글자 그대로 스윙을 하는 것이지 볼을 치는 것이 아니다.
_골프 격언

이쪽이에요.
It's this way

탕니캅(카)
ทางนี้<u>ครับ</u>(ค่ะ)

무료인가요?
Is it free?

프리 마이캅(카)
ฟรีไหม<u>ครับ</u>(คะ)?

다시 말씀해 주세요.
Please say (it) again.

추어이 풋 익크랑 너이캅(카)
ช่วยพูดอีกครั้งหน่อย
<u>ครับ</u>(ค่ะ)

(택시에서)
여기로 (주소) 가주세요.
Please go to this address.
Please take me to this
place.

추어이 빠이 땀 티유 니 너이캅
(카)
ช่วยไปที่ตามอยู่นี้หน่อย
<u>ครับ</u>(ค่ะ)

까루나 빠이 티니캅(카)
กรุณาไปที่นี่<u>ครับ</u>(ค่ะ)

★★★ 어리석은 골퍼는 자주 퍼터를 바꾼다. 하지만 들어가지 않는 퍼터도 오
랫동안 갖지 말라. _골프 격언

여기 세워주세요.
Stop here, please.

쩟 똥니깝(카)
จอดตรงนี้<u>ครับ</u>(ค่ะ)

화장실이 어디예요?
Where is the restroom?

헝남 유 티나이 깝(카)?
ห้องน้ำอยู่ที่ไหน<u>ครับ</u>(คะ)?

경찰서가 어디죠?
Where is the police station?

싸타니 땀루엇 유티 나이깝(카)?
สถานีตำรวจอยู่ที่ไหน
<u>ครับ</u>(คะ)?

* 대사관(embassy): 싸탄툿
  สถานทูต
  영사관(consulate): 싸탄꽁쑨
  สถานกงสุล

한국어 할 줄 아는 사람 있어요?
Does anyone speak
Korean?

미 콘 풋 파사까오리 다이마이
깝(카)?
มีคนพูดภาษาเกาหลีได้ไหม
<u>ครับ</u>(คะ)?

★★★ 골프의 가장 큰 철칙이면서 가장 지켜지지 않는 것은 '눈을 볼에서 떼지
말라'는 것이다. _그랜트랜드 라이스

경찰을 불러주세요.
Call the police (please).

추어이 리약 땀루엇 티캅(카)
ช่วยเรียกตำรวจที<u>ครับ</u>(ค่ะ)

구급차를 불러주세요.
Call an ambulance, please.

추어이 리약 롯파야반 티캅(카)
ช่วยเรียกรถพยาบาลที
<u>ครับ</u>(ค่ะ)

빨리 의사를 데려와(불러) 주세요.
Get a doctor quick.

추어이 따~암 뭐 뢔우뢔우 티캅
(카)
ช่วยตามหมอเร็วๆที<u>ครับ</u>(ค่ะ)

여기 의사가 있나요?
Is there a doctor here?

티니 미 뭐 마이 캅(카)?
ที่นี่มีหมอไหม<u>ครับ</u>(คะ)?

★★★ 티에서 그린을 잇는 페어웨이는 대개의 골퍼들에게는 쓸모없는 잔디밭
이다. _그랜트랜드 라이스

기내/출입국/호텔

Love and putting are mysterious to solve.

_Tommy Armour

○ 기내

말하는 사람이 여성일 때는 '나'를 '폼' 대신 '찬'
이라 하고, 문장 뒤에 '캅' 대신 '카'를 붙인다.

담요를 부탁해요.
Can I have a blanket?
I need a blanket.
Can I have a blanket?
I need a blanket.

롭꾸언 커 파홈 너이캅
รบกวนขอผ้าห่มหน่อย<u>ครับ</u>

커피, 주세요
Coffee, please.

커 까페 너이캅
ขอกาแฟหน่อย<u>ครับ</u>

한 잔 더 주시겠어요?
Could I have another glass?

커 프음 익 능깨우 다이마이캅?
ขอเพิ่มอีก 1 แก้วได้ไหม<u>ครับ</u>?

두통약이 있을까요?
Do you have any medicine
for headache?

쿤 미 야깨뿌엇후어 마이캅?
คุณมียาแก้ปวดหัวไหม<u>ครับ</u>?

★★★ 18년간 책상에서 상대하는 것보다 18홀 매치플레이를 한번 해보면 상
대를 더 잘 알 수 있다. _그랜트랜드 라이스

펜 좀 빌려주시겠어요?
Lend me a pen, please.
Can I borrow a pen?

커 여음 빡가 너이 다이마이캅?
ขอยืมปากกาหน่อยได้ไหม
ครับ?

○ 출입국

무슨 말인지 모르겠어요.
I don't understand.

폼 마이 카오짜이캅
ผมไม่เข้าใจครับ

골프여행 왔어요.
For golf trip(=tour).
I'm here to play golf.

마 띠껍캅
มาตีกอล์ฟครับ

5일간 머물 거예요.
For about 5 days.

마 하 완캅
มา 5 วันครับ

★★★ 장타 치기를 단념했다면 그것으로 인생도 끝장이다.

_나카무라 도라키치

120

힐튼 호텔에 (묵어요).
At the Hilton hotel.

팍티 롱램힐딴캅
พักที่โรงแรมฮิลตัน<u>ครับ</u>

(이곳은) 처음 방문입니다.
This is my first visit(=time)
here.
It's my first time.

삔크랑랙 티마 티니캅
เป็นครั้งแรกที่มาที่นี่<u>ครับ</u>

제 짐이 나오지 않았어요.
My bag hasn't come out.

까빠오드은탕 양 마이 억마캅
กระเป๋าเดินทางยังไม่ออกมา
<u>ครับ</u>

○ 호텔

프런트 데스크가 어디에 있나요?
Where is the front desk?

파낙떤랍 유티나이캅?
แผนกต้อนรับอยู่ที่ไหน<u>ครับ</u>?

★★★ 골프는 어떻게 아름다운 스윙을 하느냐가 아니라 어떻게 같은 스윙을
미스 없이 되풀이할 수 있느냐의 반복 게임이다. _노리 트레비

체크인해주세요, 체크인하고 싶
습니다.
I'd like to check-in, please.

첵인랍
เช็คอินครับ

저는 예약을 했어요.
I have a reservation.

쩡 와이 래우랍
จองไว้แล้วครับ

인터넷으로 예약을 했어요.
I made a reservation online.

쩡 탕언라이랍
จองทางออนไลน์ครับ

다시 한 번 확인해봐주세요.
Please check again.

추어이 첵 익크랑 티랍
ช่วยเช็คอีกครั้งทีครับ

제가 빠르게 (본래 체크인 시간보
다 먼저) 체크인할 수 있을까요?
Can I check-in early?

첵인 껀외라 다이마이랍?
เช็คอินก่อนเวลาได้ไหมครับ?

★★★ 골프를 할 때면 주특기가 테니스라고 말하고, 테니스를 할 때면 잘하는
스포츠가 골프라고 말한다. _다이애나 쇼어

122

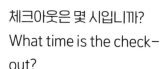

체크아웃은 몇 시입니까?
What time is the check-out?

첵아우 마이끄은 끼몽캅?
เช็คเอ้าไม่เกินกี่โมงครับ?

아침 식사는 몇 시부터입니까?
What time is breakfast?

아한차오 러음 끼몽캅?
อาหารเช้าเริ่มกี่โมงครับ?

제 짐을 좀 보관해주시겠어요?
Would you keep my baggage?

파악 까빠오드은탕 와이 다이마이랍?
ฝากกระเป๋าเดินทางไว้ได้ไหมครับ?

지하철 노선도를 얻을 수 있을까요?
Can I have a subway map?

커 팬티 롯파이따이딘 너이 다이마이랍?
ขอแผนที่รถไฟใต้ดินหน่อยได้ไหมครับ?

★★★ 당신 자신 이상으로 당신의 스윙을 잘 알고 있는 사람은 없다.
_더그 포드

123

무료 시내 지도를 구할 수 있을 까요?
Can I have a free city map?

커 팬티 나이므엉 프리 다이마 이랍?
ขอแผนที่ในเมืองฟรีได้ไหม<u>ครับ</u>?

버스 정류장은 어디예요?
Where is a bus stop?

빠이롯메 유똥나이랍?
ป้ายรถเมล์อยู่ตรงไหน<u>ครับ</u>?

택시를 불러주세요.
Call me a taxi, please.
Would you call a taxi for me?

추어이 리약 택씨 하이너이랍
ช่วยเรียกแท็กซี่ให้หน่อย<u>ครับ</u>

하루 더 머물려고 해요.
I want to stay one more day.

짜 유떠 익능완랍
จะอยู่ต่ออีก 1 วัน<u>ครับ</u>

체크아웃, 부탁합니다.
Check out, please.

첵아우랍
เช็คเอ้า<u>ครับ</u>

★★★ 남성을 여성보다 더 미치게 하는 것은 골프뿐인 듯하다. _던 쟁킨스

열쇠를 안에 두고 나왔어요.
I locked myself out.

르음꾼째 와이 나이헝캅
ลืมกุญแจไว้ในห้องครับ

(내) 방 좀 열어주세요.
Open my door, please.

쁘웃 빠뚜헝 하이너이캅
เปิดประตูห้องให้หน่อยครับ

방이 너무 추워요.
The room is too cold.

나이헝 애 옌 막 르~이캅
ในห้องแอร์เย็นมากเลยครับ

에어컨이 작동하지 않아요.
The air conditioner isn't
working.

애 쁘웃 마이다이캅
แอร์เปิดไม่ได้ครับ

뜨거운 물이 나오지 않아요.
There is no hot water.

남운 마이 라이캅
น้ำอุ่นไม่ไหลครับ

★★★ 골프는 하나의 정신적 질환, 예를 들어 도박, 여자 또는 정치와 같은 것
이 아닌가 생각한다. _던 쟁킨스

화장실 물이 잘 안 내려가요.
The toilet won't flush.
The toilet water is not
flushing.
The water in the toilet does
not go down.

꼿 착코록 마이 롱캅
กดชักโครกไม่ลง<u>ครับ</u>

(침대) 시트를 바꿔주세요.
Please change the (bed)
sheet.

삐안 파뿌티넌 하이너이랍
เปลี่ยนผ้าปูที่นอนให้หน่อย
<u>ครับ</u>

세탁 서비스가 되나요?
Do you have laundry
service?

미 보리깐 싹파 마이랍?
มีบริการซักผ้าไหม<u>ครับ</u>?

언제까지 될까요?
When will it be ready?
Until when?

쎗 므아라이랍?
เสร็จเมื่อไหร่<u>ครับ</u>?

★★★ 골퍼는 2개의 스윙을 갖는다. 아름다운 연습 스윙과 진짜로 칠 때의 엉
터리 스윙. 연습 스윙만 보고는 그의 진짜 스윙을 말할 수 없다. _데이
브 마

126

얼마나 걸릴까요?
How long will it be?

차이 외라 타오라이캅?
ใช้เวลาเท่าไหร่<u>ครับ</u>?

와이파이 비번이 뭐예요?
What's the password for
wi-fi?

커 라핫 와이파이 너이캅?
ขอรหัส wifi หน่อย<u>ครับ</u>?

모닝콜 부탁합니다.
I need a wake-up call.

롭꾸언 토 쁘룩 너이캅
รบกวนโทรปลุกหน่อย<u>ครับ</u>

6시 모닝콜 부탁합니다.
Give me a wake-up call at 6,
please.
A wake-up call at 6, please.

롭꾸언 토 쁘룩 떤혹몽 차오 너
이캅
รบกวนโทรปลุกตอน 6 โมง
เช้าหน่อย<u>ครับ</u>

★★★ 트러블샷을 할 때 우선 생각해야 할 것은 그 이상의 트러블을 하지 않겠
다는 것이다. _데이브 스톡턴

여기 몇 시에 (문) 닫나요?
Until what time can I use
the amenities?

티니 삐 끼몽캅?
ที่นี่ปิดกี่โมง<u>ครับ</u>?

룸서비스가 필요해요.
I need room service.

탐 쾀싸앗 헝 하이너이캅
ทำความสะอาดห้องให้หน่อย
<u>ครับ</u>

룸 안에 있는 바 무료인가요?
Can I use the bar?

스넥바 나이헝 프리 마이캅?
สแน็คบาร์ในห้องฟรีไหม
<u>ครับ</u>?

주변에 어떤 골프장이 있나요?
Are there any golf course
nearby?

미 싸남껍 끌라이끌라이 태우니
마이캅?
มีสนามกอล์ฟใกล้ๆแถวนี้ไหม
ไหม<u>ครับ</u>?

★★★ 골프는 이 세상에서 플레이하기는 가장 어렵고, 속이기에 가장 쉬운 게
임이다. _데이브 힐

128

나(우리)를 골프장까지 데려다줄 수 있나요?
Can you take me(us) to the golf course?

빠이쏭 티 싸남껍 다이마이캅?
ไปส่งที่สนามกอล์ฟได้ไหม<u>ครับ</u>?

어디서 환전할 수 있나요?
Where can I exchange money?

랙 응언 다이 티나이캅?
แลกเงินได้ที่ไหน<u>ครับ</u>?

여기에서 환전할 수 있어요?
Can I exchange money here?

랙 응언 티니 다이마이캅?
แลกเงินที่นี่ได้ไหม<u>ครับ</u>?

이것을 밧으로 바꿔주시겠어요?
Could(=Would, Can) you change this into Baht(=Thai money)?

커랙 뻰 응언타이 다이마이캅?
ขอแลกเป็นเงินไทยได้ไหม<u>ครับ</u>?

★★★ 골프는 용사처럼 플레이하고 신사처럼 행동하는 게임이다.

_데이비드 로버트 포건

129

20바트짜리와 50바트짜리로
바꿔주세요.
Twenties and fifties, please.

커랙 삔 뱅 이씹 깝 뱅 하씹 <u>캅</u>
ขอแลกเป็นแบงค์ 20 กับ
แบงค์ 50 <u>ครับ</u>

★ 고액권(large bills): 뱅야이 แบงค์
  ใหญ่
  소액권(small bills): 뱅렉 แบงค์เล็ก

이것을 잔돈으로 바꿀 수 있을
까요?
Can I get change for this?

커랙 응언 다이마이캅?
ขอแลกเงินได้ไหม<u>ครับ</u>?

(환전) 수수료가 얼마인가요?
How much is the
commission?

카탐니암 타오라이캅?
ค่าธรรมเนียมเท่าไหร่<u>ครับ</u>?

어디에서 그것을 살 수 있어요?
Where can I buy it?

안니 쓰 다이 티나이캅?
อันนี้ซื้อได้ที่ไหน<u>ครับ</u>?

★★★ 정확한 결단, 좋은 샷 그리고 냉정의 3요소가 갖추어질 때 좋은 스코어
가 나온다. _데이비스 러브 3세

어디에서 차를 빌릴 수 있어요?
Where can I rent a car?

차오 롯 다이 티나이캅?
เช่ารถได้ที่ไหน<u>ครับ</u>?

호텔에서 투어가 있나요?
Are there any tours
operated by the hotel?

티 롱램 미프로그램투어 마이캅?
ที่โรงแรมมีโปรแกรมทัวร์ไหม
<u>ครับ</u>?

오늘 투어가 있나요?
Do you have a tour today?

완니 미프로그램투어 마이캅?
วันนี้มีโปรแกรมทัวร์ไหม
<u>ครับ</u>?

계산서가 잘못된 거 같아요.
I think there is a mistake on
my bill.

므언 짜 킷 응언 핏나캅
เหมือนจะคิดเงินผิดนะ<u>ครับ</u>

★★★ 대통령을 그만두니까 골프에서 나를 이기는 사람이 많아지더라.
_드와이트 아이젠하워

131

라운드

It is impossible to imagine Goethe or Beethoven being

good at billiards or golf._ Henry Louis Mencken

○ 예약하기

라운드 예약을 하고 싶어요. I'd like to(=I would like to / I want to) book a round. ※ 라운딩(rounding)이라 하지 않음.	짜 쩡 억럽캅 จะจองออกรอบ<u>ครับ</u>
저는 김민호라고 합니다. This is Min-ho, Kim.	<u>폼 츠</u> 김민호캅 <u>ผมชื่อ</u>คิมมินโฮ<u>ครับ</u>
5월 21일 오전 8시를 예약하고 싶어요. (I want to) May 21st, 8 a.m. please.	쩡 완티 이십엣 풋사파콤 뺀몽 차오캅 จองวันที่ 21 พฤษภาคม 8 โมงเช้า<u>ครับ</u>
몇 명이에요? How many person?	끼쿤캅? กี่คน<u>ครับ</u>

★★★ 당신 자신의 능력 내에서 골프 플레이를 하라. 당신에 맞는 플레이를 하라. _레드 베터

133

저를 포함해서 4명 플레이입니다.
A foursome, including me.

탕못 씨 콘캅
ทั้งหมด 4 คน<u>ครับ</u>

그린피가 얼마예요?
How much (is the green
fee)?

그린피 타오라이캅?
กรีนฟีเท่าไหร่<u>ครับ</u>?

카트비가 얼마예요?
How much is the
cart(buggy) fee?

카롯껍 타오라이캅?
ค่ารถกอล์ฟเท่าไหร่<u>ครับ</u>?

캐디피가 얼마예요?
How much is the caddie
fee?

카캐디 타오라이캅?
ค่าแคดดี้เท่าไหร่<u>ครับ</u>?

세금이 포함된 금액인가요?
Is the rate including tax?

라카 루엄 파씨 래우양캅?
ราคารวมภาษีแล้วยัง<u>ครับ</u>?

★★★ 골프는 영감과 땀의 게임이다. _렉스 비치

A 또는 B 코스로 해주세요.
I'll take course A or B.

쩡 싸남A르B캅
จองสนาม เอ หรือ บี<u>ครับ</u>

카트를 운전해서 페어웨이까지
갈 수 있나요?
Can I drive the cart onto the
fairway?

롯껍 카오 페어웨이 다이마이
캅?
รถกอล์ฟเข้าแฟร์เวย์ได้ไหม
<u>ครับ</u>?

우리가 도착하는 데 얼마나 걸
려요?
How long time we will reach
the destination?

익끼나티 짜틍 캅?
อีกกี่นาทีจะถึง<u>ครับ</u>?

거리가 얼마나 될까요?
How long distance for
reaching the destination?

익 끌라이 마이 꽈 짜틍캅?
อีกไกลไหมกว่าจะถึง<u>ครับ</u>?

★★★ 해저드는 골프를 극적으로 만든다. 해저드 없는 골프는 생명도 혼도 없
는 지루한 게임에 불과할 것이다. _로버트 헌터

135

(도착하려면) 시간이 얼마나 남았나요?
How much time left?

루아 웰라 익 타올라이 캅?
เหลือเวลาอีกเท่าไหร่<u>ครับ</u>?

발목이 없는 양말은 안 돼요.
No secret socks.

퉁타오 마이미 커 마이다이캅
ถุงเท้าไม่มีข้อไม่ได้<u>ครับ</u>

(남자의 경우) 반바지를 입어도 상관없나요?
Is it okay for men to wear shorts on the field?

싸이 깡펭카싼 다이마이캅?
ใส่กางเกงขาสั้นได้ไหม<u>ครับ</u>?

청바지는 안 돼요.
No Jeans.

싸이 깡펜인 마이다이캅
ใส่กางเกงยีนส์ไม่ได้<u>ครับ</u>

★★★ 장타의 유혹을 이기면 명인(名人)이 된다. _보비 로크

○ 라운드 플레이

날씨가 아주 좋아요. What a perfect day!	완니 아깟 디 막막캅 วันนี้อากาศดีมากๆครับ
참 예쁜 곳이네요. It's a really beautiful place.	티니 쑤어이 막 르~이캅 ที่นี่สวยมากเลยครับ
날씨가 참 좋아요, 그렇지요? Nice day, isn't it?	완니 아깟 디 막 르~이 찡마이캅? วันนี้อากาศดีมากเลย จริง ไหมครับ?
몇 시예요? What time is it?	끼몽 래우캅? กี่โมงแล้วครับ?

★★★ '프레셔(Pressure)'라는 건 호주머니에 2달러밖에 없는데 5달러를 걸고 홀에 임하는 것이다. _리 트레비노

137

즐겁게 쳐요!
Enjoy your round!

띠 하이 싸눅 나캅
ตีให้สนุกนะ<u>ครับ</u>

몇 살이에요?
How old are you?

아유 타올라이 캅?
คุณอายุเท่าไหร่<u>ครับ</u>?

만나서 반가워요.
Nice to meet you.

인디 티 다이 루짝캅
ยินดีที่ได้รู้จัก<u>ครับ</u>

오늘 컨디션이 어때요?
How do you feel today?

완니 뻰 양라이 방캅?
วันนี้เป็นอย่างไรบ้าง<u>ครับ</u>

날씨가 어때요?
How's the weather?
What's the weather like?

완니 아깟 뻰 양라이 방캅?
วันนี้อากาศเป็นอย่างไรบ้าง
<u>ครับ</u>?

★★★ 골프는 망쳐진 좋은 산책(a good walk spoiled)이다. _마크 트웨인

날씨가 맑아요.
It's sunny.

완니 댇디 짱캅
วันนี้แดดดีจัง<u>ครับ</u>

* 흐리다(cloudy): 멕 막~ เมฆมาก
  비가 오다(rainy): 폰 똑 ฝนตก
  시원하다(cool), 쌀쌀하다(chilly), 춥
  다(cold): 옌 เย็น

제 이름은 이지니예요.
My name is Jini Lee.

폼 츠 지니리캅
<u>ผม</u>ชื่อ จีนี่ ลี <u>ครับ</u>

지니라고 불러주세요.
Please call me Jini.

라약 폼 와 지니리 다이캅
เรียก<u>ผม</u>ว่า จีนี่ ลี ได้<u>ครับ</u>

제 닉네임은 지니예요.
My nickname is Jini.

츠렌 폼 크 지니리캅
ชื่อเล่น<u>ผม</u>คือ จีนี่ <u>ครับ</u>

★★★ 골프에서 확실한 룰을 소개하자면, 빠르게 카트를 타고 질주하는 자는
나쁜 라이에서 플레이하는 법이 없다. (속이려고 빨리 달려간다.)
_미키 맨틀

한국에서 왔어요.
I'm from Korea.

폼 마짝 까오리캅
ผมมาจากเกาหลีครับ

(내가 당신을) 뭐라고 불러야
할까요?
What should I call you?
What's your name?

쿤 츠 아라이캅?
คุณชื่ออะไรครับ?

(제) 사진 좀 찍어주시겠어요?
Could you take a picture for
me?

타이룹 하이 너이 다이마이캅?
ถ่ายรูปให้หน่อยได้ไหมครับ?

우리와 함께 사진을 찍어주시겠
어요?
Could you take a picture with
us?

마 타이룹 두어이깐 마이캅?
มาถ่ายรูปด้วยกันไหมครับ?

★★★ 골프에서 가장 곤란한 것은 땅에 있는 볼을 놓고 생각하는 시간이 너무
나 긴 것이다. _믹 저거

한 장 더 부탁해요.
One more, please.

커 익 능룹캅
ขออีก 1 รูปครับ

잘했어요!
There you go!

껭막캅
เก่งมากครับ

굿 샷, 나이스 샷!
Good shot!
Nice shot!

쑤어이 막캅!
สวยมากๆครับ!

(친 볼이) 무난해요,
Not bad!
That was decent.

디 래우캅
ดีแล้วครับ

(뭐) 어쨌든 페어웨이예요.
Fairway anyway.

양 유 나이 페어웨이캅
ยังอยู่ในแฟร์เวย์ครับ

★★★ 가장 좋은 스윙은 생각이 가장 적을 때 할 수 있다. _바비 존스

나 탑핑 했어요.
I topped the ball.
I hit the top of the ball.

띠 텁 래우캅
ตีท็อปแล้วครับ

(나) 뒤땅 쳤어요.
I hit behind the ball.
I hit the ground before hitting the golf ball.

띠 돈 픈캅
ตีโดนพื้นครับ

★ 뒤땅(behind the ball): 픈 พื้น

나는 퍼팅 입스가 왔어요.
I've got the putting yips.

폼 팟 마이 디 캅
ผมพัตไม่ดีครับ

★ 드라이버 입스(driver yips):
드라이버 마이 디 ไดรฟ์ไม่ดี

오잘공이에요.
That's the shot of the day.

룩니 디티쑷 컹완 르~이캅
ลูกนี้ดีที่สุดของวันเลยครับ

★★★ 진짜 '굿샷'이란 최대의 위기에서 가장 필요할 때의 좋은 샷을 말한다.
_바이런 넬슨

오늘 공이 잘 안 맞아요.
IT's a tough game today.

완니 띠 마이 디 르~이랍
วันนี้ตีไม่ดีเลยครับ

오른쪽으로 휠 거 같아요. 오른쪽
으로 슬라이스가 날 거 같아요.
I think it'll break right.

므언 룩 짜 빠이 탕콰캅
เหมือนลูกจะไปทางขวาครับ

많이 휘는데요.
This is a huge break.

룩 콩 빠이 까이 르~이랍
ลูกโค้งไปไกลเลยครับ

나의 드라이버 비거리는 짧아요.
My driving distance is short.

폼 드라이버 다이 마이 끌라이캅
ผมไดรฟ์ได้ไม่ไกลครับ

나는 비거리가 짧아요.
I'm a short hitter.

폼 띠 다이 마이 끌라이캅
ผมตีได้ไม่ไกลครับ

★★★ 비기너의 큰 결점은 좋아하는 샷만 연습하고 싫어하는 샷을 연습하지
      않는 데 있다. _버나드 다윈

143

(나는) 비거리가 줄고 있어요.
I'm losing distance.

려우니 띠 다이마이 끌라이랍
เดี๋ยวนี้ตีได้ไม่ไกลครับ

그는 비거리가 길어요,
그는 장타예요.
He's a long hitter.

카오 띠 까이 막 르~이랍
เขาตีไกลมากเลยครับ

(나는 평소에) 어프로치 샷이 짧
아요.
My approach shot is short.

보까띠 폼 띠 어프로치 싼캅
ปกติผมตีแอพโพรซสั้นครับ

나는 아이언을 짧게 쳤어요.
I hit my iron short.

폼 띠렉 다이마이 끌라이랍
ผมตีเหล็กได้ไม่ไกลครับ

나는 오르막 샷을 쳤어요.
I hit an uphill shot.

폼 띠 큰 넌 캅
ผมตีขึ้นเนินครับ

★★★ 골퍼들에게 있어 가장 적합하지 않은 기질은 시인적(時人的)인 기질이
다. _버나드 다윈

* 오르막(uphill / upslope): 큰넌 ขึ้น
  เนิน
  내리막(downhill / downslope): 롱
  넌 ลงเนิน

* 잔디가 짧은 러프 라이(tight
  lies(=thin lies)): 야싼 หญ้าสั้น
  잔디가 긴 러프 라이(fluffy
  lies(=rough)): 야쑹 หญ้าสูง

쌩크가 난 거 같아요,
내가 친 볼이 쌩크가 났어요.
It was a shank.
I think that was the shank.
I shanked the ball.

므언 폼 짜 띠 챙캅
เหมือน<u>ผม</u>จะตีแช้งค์<u>ครับ</u>

제 공 OB 났어요?
Is my ball out of
bounds(=OB)?

룩 폼 오비 마이랍?
ลูก<u>ผม</u>OBไหม<u>ครับ</u>?

(제 공은) 오비가 났어요.
The ball went out of
bounds(=OB).
I hit the ball out of
bounds(=OB).

룩 억 오비
ลูกออก OB

* 흰 말뚝들(white stakes) : 락씨카우
  หลักสีขาว

★★★ 골프만큼 플레이어의 성격을 드러내는 것이 없다. 그것도 최선과 최악
      의 형태로 나타나게 한다. _버너드 다윈

제 공 죽었나요?
Is my ball lost?

룩 폼 하이 마이랍?
ลูก<u>ผม</u>หายไหม<u>ครับ</u>?

홀컵까지 얼마나 남았어요?
How far is the hole cup?

틍 통 르아 타오라이랍?
ถึงธง เหลือเท่าไหร่<u>ครับ</u>?

* 카트길(cart path): 탕롯껍 ทางรถ
  กอล์ฟ
  배수구(drain): 터라바이남 ท่อ
  ระบายน้ำ
  디봇(divot): 디봇 ดีวอท

내 공이 어디로 가는지 봤어요?
Did you see where my ball
went?

룩 폼 빠이 탕나이 헨마이랍?
ลูก<u>ผม</u>ไปทางไหน เห็นไหม
<u>ครับ</u>?

제 드라이버가 몇 mL나 갔어요?
How far did I hit my driver?

폼 드라이버 빠아 까이 캐나이
랍?
<u>ผม</u>ไดรฟ์ไปไกลแค่ไหน<u>ครับ</u>?

★★★ 60세의 노인이 30세의 청년에게 이길 수 있는 골프 게임이 어찌 스포
츠란 말인가. _버드 쇼탠

제가 얼마나 쳤어요?,
제 볼이 몇 m나 갔어요?
How far did I hit my shot(=ball)?

폼 띠 빠아 까이 캐나이랍?
ผมตีไปไกลแค่ไหนครับ?

프로비저널볼(잠정구)을 치는 게
어때요?
Why don't you(=You'd
better) play a provisional
(ball)?

렁 띠 룩 쌈렁 마이랍?
ลองตีลูกสำรองไหมครับ

* 프로비저널볼(provisional ball):
  룩쌈렁 ลูกสำรอง

여기의 로컬룰은 무엇인가요?
What's the local rule?

꼿 컹 티니 미 아라이 방랍?
กฏของที่นี่ มีอะไรบ้างครับ?

(내가) 벌타 없이 드롭해도 되나
요?
Can I get a free drop without
stroke penalty?

프리드롭 다이마이랍?
ฟรีดร็อปได้ไหมครับ?

★★★ 골프에서는 역전의 홈런이란 존재하지 않는다. 그 게임의 승패는 오롯
이 자신에 의해 결판난다. _베이비 루스

147

(내가) 드롭을 하면 벌점을 몇 점
받나요?
How many penalties will I get
if I drop a ball?

타 드롭 짜 씨아 끼땜캅?
ถ้าดร็อปจะเสียกี่แต้ม<u>ครับ</u>?

당신은 어떤 클럽을 썼나요?
Which club did you use?

쿤 차이 마이 아라이캅?
คุณใช้ไม้อะไร<u>ครับ</u>?

이게 뒷바람인가요, 앞바람인가
요?
Do you think there's a
tailwind or a headwind?
Is it a tailwind or a headwind?

안니 땀롬 르 투언롬캅?
อันนี้ตามลม หรือทวนลม<u>ครับ</u>?

* 앞바람(headwind): 투언롬 ทวน
ลม

이게 뒷바람인가요?
Is it a tailwind?

안니 땀롬 마이캅?
อันนี้ตามลมไหม<u>ครับ</u>?

* 뒷바람(tailwind): 땀롬 ตามลม

★★★ 골프는 종합 예술이다. 모든 것 즉 드라이버, 아이언, 어프로치, 벙커, 퍼
트 등 완벽을 요구하는 게임이다. _벤 호건

클럽을 좀 길게(멀리 가는 거) 잡아
보면 어때요?
Why don't you(=You'd
better) go up a club?

러 차이 렉싼 롱 너이 마이랍?
ลองใช้เหล็กสั้นลงหน่อยไหม
ครับ?

(내 공이) 벙커에 빠졌어요.
My ball fell into the bunker.

룩 똑 싸이래우랍
ลูกตกทรายแล้วครับ

클럽을 좀 길게 잡아요.
Club up.
Go up a club.

차이 렉싼 롱 너이랍
ใช้เหล็กสั้นลงหน่อยครับ

클럽을 좀 짧게 잡아보면 어때
요?, 클럽을 좀 짧게 잡아요.
Why don't you(=You'd
better) go down a club?
Club down.
Go down a club.

러 차이 렉야우 큰 너이 마이랍?
ลองใช้เหล็กยาวขึ้นหน่อยไหม
ครับ?

★★★ 골프에 나이는 없다. 의지만 있다면 몇 살에 시작해도 향상이 있다.

_벤 호건

149

방금 전 홀에서 뭐 했어요(무엇을 얻었어요)?
What did you get on that last hole?

룸 므아 끼다이 아라이캅?
หลุมเมื่อกี้ได้อะไร<u>ครับ</u>?

(나는) 보기 했어요.
I made bogey.

다이 보기캅
ได้โบกี้<u>ครับ</u>

(나는) 버디 했어요.
I got a birdie.
I birdie.

다이 버디캅
ได้เบอร์ดี้<u>ครับ</u>

(당신) 스윙이 좋은데요.
You have a good swing.

싸윙 쑤어이 막캅
สวิงสวยมาก<u>ครับ</u>

골프를 얼마나 자주 치세요?
How often do you play golf?

띠 껍 버이 캐나이캅?
ตีกอล์ฟบ่อยแค่ไหน<u>ครับ</u>?

★★★ 골프에 있어서 가장 중요한 샷은 바로 그 다음 샷이다. _벤 호건

저는 한 달에 한 번 정도 골프를 칩니다.
I usually play golf once a month.

빠까띠 폼 띠 드언 라 크랑캅
ปกติผมตีเดือนละครั้งครับ
* 일주일에 한 번 (once a week): 쌉다
  라크랑 สัปดาห์ละครั้ง

오늘 오후에 골프 어때요?
How about a round of golf this afternoon?

바이 니 띠 껍 마이캅?
บ่ายนี้ตีกอล์ฟไหมครับ?

좋아요.
It's good.

오케캅
โอเคครับ

핸디가 어떻게 돼요?
What's your handicap?

핸디캡 쿤 타오라이캅?
แฮนดิแคปคุณเท่าไหร่ครับ?

제 핸디는 25개입니다.
My handicap is 25.

핸디캡 이씹하 캅
แฮนดิแคป 25 ครับ

★★★ 골프의 20%는 재능이다. 나머지 80%는 (공을 어떻게 칠까 하는) 코스 공략이다. _벤 호건

151

타수가 얼마나 돼요?
What do you usually hit in a round?

빠까띠 다이 끼땜캅?
ปกติได้กี่แต้มครับ?

저는 백돌이예요.
I usually hit 100.
I'm a bogey player.

컹 폼 다이 능러이 캅
ของผมได้ 100 ครับ

헤드업 하면 안 돼요,
눈을 공 위에 두세요.
You can't do head-ups.
Put your eye on the ball.

야 응으이 나큰 멍 룩 와이캅
อย่าเงยหน้าขึ้น มองลูกไว้
ครับ

스코어가 어떻게 돼요?
What's the score?

다이 끼땜캅?
ได้กี่แต้มครับ?

동점이에요, 타이예요.
The score is tied.

땜 타오깐 캅
แต้มเท่ากันครับ

★★★　드라이버는 쇼, 퍼트는 돈(스코어)이다. _벤 호건

152

누가 이기고 있어요?
Who's winning the game?

카이 깜랑 짜 차나랍?
ใครกำลังจะชนะ<u>ครับ</u>?

누가 이겼어요?
Who won?

카이 차나랍?
ใครชนะ<u>ครับ</u>?

(내가) 멀리건을 써도 될까요?
Can I use the mulligan?

커 띠 멀리건 다이 마이랍?
ขอตีมัลลิแกนได้ไหม<u>ครับ</u>?

(나) 멀리건 하나 쓸게요.
I am gonna(going to)
use(=take) a mulligan.

커 띠 멀리건나랍
ขอตีมัลลิแกนนะ<u>ครับ</u>

한 번 더 칠게요.
I am gonna play(=hit) another
ball.

아오 마이랍
เอาใหม่<u>ครับ</u>

★★★ 미스 샷에 대한 변명은 당신의 동료를 괴롭힐 뿐만 아니라 본인까지도
불행하게 만든다. _벤 호건

다음에 당신(캐디)을 지정해도 될
까요?
Can I appoint you next time?

럽나 쩡 캔디 다이 마이캅?
รอบหน้าจองแคดดี้ได้ไหม
ครับ?

나는 명랑골프를 해요.
I consider myself a fun golfer.
I play golf for fun.
I'm not a serious golfer. I'm
out here for a good time.

폼 첩 띠 껍 밥 아우 싸눅캅
ผมชอบตีกอล์ฟแบบเอาสนุก
ครับ

IT 지점을 보고 치세요.
Look at the IT and hit it.

IT : Intermediate target(=an
ideal landing zone)

렝 빠이 티 락(아이티) 래우 띠캅
เล็งไปที่หลัก(ไอที)แล้วตีครับ

※"IP(intersection point)를 보고 치
세요!"라고 할 때 IP보다는 IT가 더 정
확한 표현임.

9홀을 더 쳐도(라운드해도) 돼요?
Can We play 9 more holes?

렌 떠 익 까오룸 다이 마이캅?
เล่นต่ออีก 9 หลุมได้ไหม
ครับ?

★★★ 하루 연습을 하지 않으면 그것을 나 스스로 안다. 이틀을 하지 않으면 갤
러리가 안다. 그리고 사흘을 하지 않으면 온 세계가 안다. _벤 호건

그늘집은 어디에 있어요?
Where is the geuneuljib?

쑴 카이 남 유 티나이캅?
ซุ้มขายน้ำอยู่ที่ไหน<u>ครับ</u>?

음료는 뭘 드시겠어요?
What would you like to drink?

듬 남 아라이 마이캅?
ดื่มน้ำอะไรไหม<u>ครับ</u>?

괜찮아요, 잘했어요, 충분해요, 잘 쳤어요.
That'll play(/do).
It was a good game!

껭 래우캅
เก่งแล้ว<u>ครับ</u>

좋은 하루 보내세요.
Have a nice(=good) day.

커 하이 뻰 완티디 나캅
ขอให้เป็นวันที่ดีนะ<u>ครับ</u>

행운이 있길!
Good luck!

촉디캅!
โชคดี<u>ครับ</u>!

★★★ 골퍼는 연습장에서 스윙 연습을 하고, 그것을 코스에서 믿고 그대로 치지 않으면 안 된다. _보브 로데라

155

쇼핑/마사지

Achievements on the golf course are not what matters,
decency and honesty are what matter._Tiger Woods

○ 프로샵

제가 한번 스윙해봐도 될까요?,
제가 한번 쳐봐도 될까요?
Can I try swinging the club?
Can I try hitting the club?

커 띠 익티 다이 마이캅?
ขอตีอีกทีได้ไหม<u>ครับ</u>?

제가 한번 (장갑) 껴봐도 될까요?
Can I try it on?

렁 쑤엄 퉁므 다이 마이캅?
ลองสวมถุงมือได้ไหม<u>ครับ</u>?

제가 한번 (신발) 신어봐도 될까
요?
Can I try them on?

렁 쑤엄 렁타오 다이 마이캅?
ลองสวมรองเท้าได้ไหม<u>ครับ</u>?

제가 입어봐도 돼요?
Can I try this on?

렁 싸이 다이 마이캅?
ลองใส่ได้ไหม<u>ครับ</u>?

★★★ 숏게임을 잘하는 사람이 롱게임을 잘하는 사람을 이기는 법이다.

_보비 존스

157

저는 바람막이 셔츠를 찾아요.
I'm looking for a wind shirt.

폼 깜랑 하 쓰아 깐롬캅
<u>ผม</u>กำลังหาเสื้อกันลม<u>ครับ</u>

비옷 바지가 있나요?
Do you have rain pants?

* 바람막이(옷)(windbreaker): 쓰아 깐롬 เสื้อกันลม
  비옷 상의(rain jacket): 쓰아 깐폰 เสื้อกันฝน
  비옷 세트(rain suits): 춧 깐폰 ชุด กันฝน
  선크림(sunscreen): 크림 깐댇 ครีม กันแดด

미 깡껭 깐폰 마이캅?
มีกางเกงกันฝนไหม<u>ครับ</u>?

햇빛 차단 팔토시(sunscreen arm sleeve(s)): 쁘럭캔 깐댇 ปลอก แขนกันแดด
냉기 팔토시(cooling arm sleeve(s)): 쁘럭캔 쿠링 ปลอก แขนคูลิ่ง

기념품을 찾고 있어요.
I'm looking for souvenirs.
I'd like to buy some souvenirs.

깜랑 하 쓰 컹 티라륵캅
กำลังหาซื้อของที่ระลึก<u>ครับ</u>

★★★ 어떤 라운드에도 나중에 생각하면 최소 1타쯤 줄일 수 있었다고 생각되는 스트로크가 있게 마련이다. _보비 존슨

로스트볼이 있나요?
Do you have lost balls(=used balls)?

미 룩껍 므썽 마이캅?
มีลูกกอล์ฟมือสองไหม<u>ครับ</u>?

* 롱티(long tees): 마이 티 뱁야우 ไม้ทีแบบยาว
  숏티(short tees): 마이 티 뱁싼 ไม้ทีแบบสั้น

나는 민감성 피부예요.
I have sensitive skin.

폼 피유 패 응아이 캅
<u>ผม</u>ผิวแพ้ง่าย<u>ครับ</u>

그냥 둘러보는 중이에요.
I'm just looking around.
 Just looking.

드은 두 츠이츠이 캅
เดินดูเฉยๆ<u>ครับ</u>

이것을 좀 보여주세요.
Show me this one, please.

커 두 안니 너이캅
ขอดูอันนี้หน่อย<u>ครับ</u>

★★★ 자신이 있으면 긴장된 상태에서도 릴렉스할 수 있다. _보비 클럼페트

다른 것도 좀 보여주세요.
Show me something different, please.

커 두 뱁은 두어이캅
ขอดูแบบอื่นด้วยครับ

다른 스타일은 없나요?
Do you have any other style?

마이 미 뱁은 러캅?
ไม่มีแบบอื่นหรอครับ?

좀 작은 걸로 보여주세요.
Show me a smaller one, please.

커 두 싸이 렉꽈 니캅
ขอดูไซส์เล็กกว่านี้ครับ

이것(과 같은 것)으로 검정색 있어요?
Do you have this in black?
Do you have the same in black?

뱁니 씨담 미 마이캅?
แบบนี้มีสีดำไหมครับ?

★★★ 내 기도가 전혀 먹히지 않을 때는 골프장에 있을 때다. _빌리 그레이엄

160

이것으로 주세요.
I'll take this one.
This one, please.
I'll have this.

아우 안니 캅
เอาอันนี้ครับ

여기 (신용)카드 있어요.
Here's my credit card.

짜이 두어이 밧크레딧 캅
จ่ายด้วยบัตรเครดิตครับ

여기 있어요.
Here you are.
Here it is.

니 컹 쿤캅
นี่ของคุณครับ

전부 얼마예요?
How much is it altogether?

탕못 타오라이캅?
ทั้งหมดเท่าไหร่ครับ?

★★★ 골프장에서의 기도는 모두 헛수고였다. 그것은 내가 너무도 엉터리 골
퍼였다는 것과 관계가 깊었기 때문일 것이다. _빌리 그레이엄

(이거) 얼마예요?
How much is this?
How much is it?

안니 타오라이랍?
อันนี้เท่าไหร่<u>ครับ</u>?

비싸요.
It's (very) expensive.

팽 짱캅
แพงจัง<u>ครับ</u>

할인 좀 해줄 수 없어요?, 할인
좀 해주세요, 할인이 되나요?
Could you discount for me?
Is it any discount?

롯 하이 너이 다이 마이랍?
ลดให้หน่อยได้ไหม<u>ครับ</u>?
미 쑤원롯 마이랍?
มีส่วนลดไหม<u>ครับ</u>?

싸게 해주세요.
Please make it cheaper.
Please discount.
Discount please.

롯 하이 익 너이 나캅
ลดให้อีกหน่อยนะ<u>ครับ</u>

★★★ 신사들이 골프를 한다. 시작했을 때는 신사가 아닐지라도 이 엄격한 게
임을 하게 되면 신사가 되고 만다. _빙 크로스비

(이거) 반품하고 싶어요.
I'd like to return this.

약 커 크은 씬카랍
อยากขอคืนสินค้า<u>ครับ</u>

환불할 수 있어요?
Can I get a refund?

커 크은 응언 다이 마이랍?
ขอคืนเงินได้ไหม<u>ครับ</u>?

이거 면세 되나요?
Is this tax free?

안니 마이 미 파씨 차이 마이랍?
อันนี้ไม่มีภาษีใช่ไหม<u>ครับ</u>?

이거 세금 환급이 되나요?
Will this tax be refunded?

커 크은 파씨 다이 마이랍?
ขอคืนภาษีได้ไหม<u>ครับ</u>?

(이거) 포장해 주시겠어요?
Could you wrap it, please?

허 하이 두어이 다이 마이랍?
ห่อให้ด้วยได้ไหม<u>ครับ</u>?

★★★ 여러 종류의 해저드 중에서 최악의 해저드는 두려움이다. _샘 스니드

잘 맞아요.
It fits well.

쑤어이 캅
สวยครับ
퍼디 르~이캅
พอดีเลยครับ
카오깐 캅
เข้ากันครับ

(나에게) 좀 커요.
It's a little big for me.

야이 끈빠이 너이캅
ใหญ่เกินไปหน่อยครับ

너무 커요.
It's too big.

야이 껀 빠이캅
ใหญ่เกินไปครับ

★ 기본 형태
크다(big): 나이 ใหญ่
작다(small): 렉 เล็ก
끼다, 타이트하다(tight): 낸 แน่น
헐렁하다(loose): 루웜 หลวม

★★★ 캐디가 클럽을 당신에게 넘겨줄 때의 그 강도가 바로 그립의 강도다.
_샘 스니드

★ 기본 색상

흰색(white): 씨 카우 สีขาว
검정색(black): 씨 담 สีดำ
빨강색(red): 씨 댕 สีแดง
베이지색(beige): 씨 벳 สีเบจ
파란색(blue): 씨 파 สีฟ้า

노란색(yellow): 씨 르엉 สีเหลือง
갈색(brown): 씨 남딴 สีน้ำตาล

○ 마사지샵

여자 마사지사로 해 주실 수 있
나요?, 여자 마사지사로 바꿔 주
실 수 있나요?
Can you change me to a
(female) masseuse?

커 뻰 머누엇 푸잉 다이 마이캅?
ขอเป็นหมอนวดผู้หญิงได้ไหม
ครับ?

＊남자 마사지사(male masseuse):
머누엇 푸차이 หมอนวดผู้ชาย

옷을 갈아입어야 하나요?
Should I change clothes?
Need to change clothes?

떵 삐안 쓰아 마이캅?
ต้องเปลี่ยนเสื้อไหมครับ?

★★★ 티샷에서 OB가 났다고 포기하는 것은 아침 식사 전에 술을 마시는 것보
다 더 나쁜 습관이 된다. _샘 스니드

165

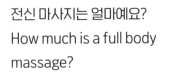

전신 마사지는 얼마예요?
How much is a full body massage?

누윗타이 타오라이캅?
นวดไทยเท่าไหร่ครับ?

* 오일 마사지(oil massage): 누윗 남 만 นวดน้ำมัน
  발 마사지(foot massage): 누윗 파 타오 นวดฝ่าเท้า

몇 분 하지요?
How many minutes?

누윗 끼나티캅?
นวดกี่นาทีครับ?

30분 추가해주세요.
Please add 30 minutes.

커 프음 익 쌈씹 나티캅
ขอเพิ่มอีก 30 นาทีครับ

1시간을 추가하면 얼마예요?
How much (is) 1 hour added?
How much is 1 more hour?

타 프음 익 능추어몽 타오라이 캅?
ถ้าเพิ่มอีก 1 ชั่วโมง เท่าไหร่ ครับ?

★★★ 힘을 빼고 천천히 스윙을 하라. 볼은 결코 도망가지 않으니까.
_샘 스니드

166

차를 한 잔 더 주시겠어요?
Would you like another cup of tea?

아우 차 프음 익깨우 마이캅?
เอาชาเพิ่มอีกแก้วไหม<u>ครับ</u>?

물이 뜨거워요.
The water is hot.

남 런 캅
น้ำร้อน<u>ครับ</u>

편안해요.
It's comfortable.

싸바이 캅
สบาย<u>ครับ</u>

좋아요.
Very good.

첩 캅
ซอบ<u>ครับ</u>

디 캅
<u>ดีครับ</u>

아파요.
I (feel) sick.

쩹 캅
เจ็บ<u>ครับ</u>

★★★ 골프에서의 승리는 체력보단 정신력과 강인한 인격에 있다.

_아놀드 파머

167

많이 아파요.
It hurts a lot.

쩝 막막 캅
เจ็บมากๆครับ

좀 살살(약하게) 해주세요.
Please lighter a little.

추어이 바오바오 너이캅
ช่วยเบาๆหน่อยครับ

더 세게 해주세요.
Please do it harder.

커 랭큰 익 캅
ขอแรงขึ้นอีกครับ

바로 거기(그곳)예요.
That's it.
Right it.

똥난 르~이캅
ตรงนั้นเลยครับ

수고했어요.
Thanks for your work.

컵쿤캅
ขอบคุณครับ

★★★ 집중이란 자신감과 갈망에서 나온다. _아놀드 파머

168

이건 팁이에요.
Here's a tip.

팁 캅
ทิปครับ

(이 부분)을 세게 해주세요.
Massage (신체 부위) strongly.

똥니 커 랭랭 캅
ตรงนี้ขอแรงๆครับ

★ 신체 부위
   머리(head): 후어 หัว
   목(neck): 커 คอ
   어깨(shoulder): 라이 ไหล่
   등(back): 랑 หลัง
   종아리(calf): 넝 น่อง

★★★ 골프는 마치 사랑을 하는 것과 같아서 진지하게 하지 않으면 재미가 없
다. 하지만, 진지하게 하면 마음에 상처가 된다. _아더 데일리

음식점

*Golf is about how well you accept, respond to, and score
with your misses much more so than it is a game of your
perfect shots._Bob Rotella*

두 사람 자리 있어요?
Do you have a table for two?

미 또 쌈랍 썽콘 마이캅?
มีโต๊ะสำหรับ 2 คนไหม<u>ครับ</u>?

금연석으로 주세요.
Non-smoking table, please.

커 또 티 함 쑵부리캅
ขอโต๊ะที่ห้ามสูบบุหรี่<u>ครับ</u>

창가 쪽 자리로 주세요.
Window seat, please.

커 또 띳 나땅캅
ขอโต๊ะติดหน้าต่าง<u>ครับ</u>

여기서 담배 피워도 돼요?
Can I smoke here?

똥니 쑵부리 다이 마이캅?
ตรงนี้สูบบุหรี่ได้ไหม<u>ครับ</u>?

담배는 어디에 가서 피워야 하나요?
Where should I smoke?

똥나이 쑵부리 다이캅?
ตรงไหนสูบบุหรี่ได้<u>ครับ</u>?

★★★ 사람의 기지가 발명한 놀이치고 골프만큼 건강한 요양과 상쾌한 흥분, 그치지 않는 즐거움의 원천이 되는 것은 없다. _아서 밸푸어

물수건이 있나요?
Do you have a wet towel?
Give me a wet towel.

미 파옌 마이랍?
มีผ้าเย็นไหมครับ

화장실은 어디에 있어요?
Where is the restroom?

헝남 유 티나이랍?
ห้องน้ำอยู่ที่ไหนครับ

메뉴를 보여주세요.
The menu, please.
I want to see the menu.

커 메누 너이랍
ขอเมนูหน่อยครับ

우리가 지금 주문해도 돼요?
Can we order now?

쌍 아한 다이 르~이 마이랍?
สั่งอาหารได้เลยไหมครับ

추천을 해주시겠어요?
What would you
recommend?

메누 아라이 카이 디랍?
เมนูอะไรขายดีครับ

★★★ 골프가 어려운 것은 정지한 볼을 앞에 두고 어떻게 칠 것인가 하고 생각
하는 시간이 너무 길다는 데 있다. _아치 호바네시안

이곳의 특별 요리는 뭐예요?
What's your specialty?

티니 아한 아라이 아로이캅?
ที่นี่อาหารอะไรอร่อย<u>ครับ</u>

향채(고수)는 빼주세요.
Please take out the cilantro.
Please remove the cilantro.

마이 싸이 팍치 캅
ไม่ใส่ผักชี<u>ครับ</u>

한국식 요리는 뭐가 있지요?, 한
국 음식은 뭐예요?
What are some Korean
dishes?
What is Korean food?

미 메누 아한까오리 아라이 방
캅?
มีเมนูอาหารเกาหลีอะไรบ้าง
<u>ครับ</u>

김치는 없나요?, 김치 있어요?
Do you have kimchi?

미 낌치 마이캅?
มีกิมจิไหม<u>ครับ</u>

★★★ 최선을 다하여 샷하라. 그 결과가 좋으면 그만이고 나쁘면 잊어라.
_월터 헤이건

(나도) 같은 걸로 주세요.
The same for me.

커 므언깐 캅
ขอเหมือนกัน<u>ครับ</u>

소스를 좀 더 주세요.
Some more sauce, please.

커 서엇 프음캅
ขอซอสเพิ่ม<u>ครับ</u>

물 좀 주세요.
Please give me some water.
Water please.

커 남빠우 너이캅
ขอน้ำเปล่าหน่อย<u>ครับ</u>

＊생수(mineral water): 남래 น้ำแร่
　얼음((water) ice): 남캥 น้ำแข็ง

주문을 취소해도 될까요?
Can I cancel my order?

커 욕르억 어더 다이 마이캅?
ขอยกเลิกออเดอร์ได้ไหม
<u>ครับ</u>?

마실것은 뭐가 있나요?
What do you have to drink?

미 크르엉듬 아라이 방캅?
มีเครื่องดื่มอะไรบ้าง<u>ครับ</u>?

★★★ 어프로치에서 볼이 홀인 되는 것은 요행이며, 홀컵에 딱 붙는 것이 진짜
　　　굿샷이다. _월터 헤이건

오이씨 음료가 있나요?
Do you have a OISHI drink?

미 오이치 마이캅?
มีโออิชิไหมครับ?

어떤 종류의 맥주가 있나요?
What brand of beer do you have?

미 비아 아라이 방캅?
มีเบียร์อะไรบ้างครับ?

버드와이저 주세요.
Budweiser, please.

커 받와이 서캅
ขอบัดไวเซอร์ครับ

생맥주 한 잔 주세요.
A draft beer, please.

커 비아쏫 능깨우 캅
ขอเบียร์สด 1 แก้วครับ

한 잔 더 주세요.
One more drink, please.
Give me one more.

커 프음익 능깨우 캅
ขอเพิ่มอีก 1 แก้วครับ

★★★ 골프만큼 몸과 마음을 빼앗는 것도 없다. 자기에게 화가 난 나머지 적을
미워하는 것조차 잊는 골퍼가 많다. _월 로저스

콜라 주세요.
Coke, please.

커 콕 캅
ขอโค้กครับ

맛있게 먹었습니다.
I ate deliciously.
I ate well.
Thank you for the meal.

아한 아로이 막 캅
อาหารอร่อยมากครับ

음식이 정말 맛있어요.
The food's incredible.

아한 아로이 찡찡 캅
อาหารอร่อยจริงๆครับ

계산서 주세요.
Check, please.

킷 응언 두어이캅
คิดเงินด้วยครับ
첵 빌 캅
เช็คบิลคับครับ

★★★ 골프는 인생의 반사경, 티샷에서 퍼팅까지의 과정이 바로 인생 항로다.
동작 하나하나가 바로 그 인간됨을 적나라하게 드러낸다.
_윌리엄 셰익스피어

★ 마실 것

맥주(beer): 비아 เบียร์
와인(wine): 와이 ไวน์
우유(milk): 놈 นม
콜라(coke): 콕 โค้ก
사이다(sprite): 스빠이 สไปรท์
차(tea): 차 ชา
커피(coffee): 까페 กาแฟ
주스(juice): 남폰라마이 น้ำผลไม้
물(water): 남빠우 น้ำเปล่า

★★★ 나이스 샷은 우연일 뿐 나쁜 샷이 좋은 연습이 된다는 것을 모른다면 골프를 마스터할 수 없다. _유진 R. 블랙

알고 나면 더 쉬운 커피/음료 주문

○ 커피/음료 주문할 때 쓰는 태국어

차가운/아이스	ice	옌	เย็น
뜨거운	hot	런	ร้อน
설탕/시럽	sugar	완	หวาน
설탕 없이	no sugar	마이완	ไม่หวาน
설탕 조금	sugar is a bit	완노이	หวานน้อย
설탕 보통	sugar is normal	완뽀까티	หวานปกติ
설탕 많이	a lot of sugar	완여	หวานเยอะ
잔/컵	cup	깨오	แก้ว
작은 사이즈	smaill size	렉	เล็ก
중간 사이즈	middle size	끌랑	กลาง
큰 사이즈	big size	야이	ใหญ่

* 주문 시 사이즈는 '깨오렉', '깨오야이'라고 말하면 된다.

아메리카노	Americano	아메리카노	อเมริกาโน่
라떼	Latte	라떼	ลาเต้
모카	Mocca	모카	มอคค่า

에스프레소	Espresso	에스프레소	เอสเพรสโซ่
마차 그린티	Matcha Green tea	마차 그린티	มัทฉะ กรีนที
차	Tea	차	ชา

* 기타 다른 커피나 음료는 영어 이름 그대로 말하면 된다.

수박 주스	watermelon juice	남땡모	น้ำแตงโม
망고 주스	mongo juice	남마무엉	น้ำมะม่วง
코코넛 주스	coconut juice	남마플라우	น้ำมะพร้าว
수박 슬러시	watermelon slush	땡모빤	แตงโมปั่น
망고 슬러시	mongo slush	망고빤	มะม่วงปั่น
코코넛 슬러시	coconut slush	코코넛빤	มะพร้าวปั่น

* 태국에서 가장 많이 마시는 과일 주스는 '땡모빤'이다.

TIP 코코넛 워터는 코코넛 주스와 같은 이름이라 사진 등을 보여주며 주문하는 것이 좋다.

코코넛 워터	coconut water	남마플라우	น้ำมะพร้าว
테이크아웃	take out	끌랍빤	กลับบ้าน
매장에서 먹기	in the store	탄티니	ทานที่นี่

커피/음료를 주문할 때는

<u>음료 이름</u>+핫 or 아이스+시럽+사이즈+테이크아웃 여부를 말해야 한다.

예: 아이스 아메리카노, 노시럽, 작은 사이즈, 테이크아웃
<u>아메리카노 옌 마이완 깨오렉 끌랍빤</u>

아이스 아메리카노, 시럽 보통, 큰 사이즈, 매장에서 먹기
<u>아메리카노 옌 완뽀까티 깨오야이 탄티니</u>

알고 먹으면 더 맛있는 태국 음식

태국 요리는 조리법, 재료, 맛이 합쳐져 음식 이름이 된다. 그래서 기본적인 명칭만 알면 그 요리에 들어간 재료나 조리법을 대충은 알 수 있다.

재료로는 꿍(새우), 탈레(해산물), 생선(쁘라), 무(돼지고기), 느아(쇠고기), 푸(게살), 카오(밥), 까이(닭고기)가 있다.

요리법으로는 팟(볶다), 깽(스프), 남(국물), 수끼(샤브샤브), 얌(샐러드)가 있다.

맛을 나타내는 것은 쏨(시다), 완(달다), 파넹(매콤하다) 등이 있다.

예: <u>카오(밥) 팟(볶다) 꿍(새우) - 새우볶음밥</u>

1. 밥류(카우 ข้าว)

  카우팟(ข้าวผัด): 태국식 볶음밥

  카우똠(ข้าวต้ม): 죽

2. 샐러드류(얌 ยำ)

얌운쎈(ยำวุ้นเส้น): 태국식 당면에 고추와
라임을 넣어 무친 샐
러드
얌느아(ยำเนื้อ): 매
운 쇠고기 샐러드
쏨땀(ส้มตำ): 매운
그린 파파야 샐러드

3. 볶음류(팟 ผัด)

팟타이(ผัดไทย): 국수와 고기, 숙주 및 각종 소스를 넣은 태
국식 볶음면
팟씨유(ผัดซีอิ๊ว): 간장 볶음 쌀국수
팟 카파오(ผัดกะเพรา): 바질을 넣은 볶음 요리
팟카파오무(ผัดกะเพราหมู: 바질과 돼지고기 볶음
까이팟멧마무엉(ไก่ผัดเม็ดมะม่วง): 캐슈너트 닭고기 볶음
뿌팟퐁까리(ปูผัดผงกระหรี่): 게를 넣은 커리

4. 찌개류(깽 แกง)

깽펫(แกงเผ็ด): 레드 커리

깽키여우완(แกงเขียวหวาน): 커리를 넣은 찌개

5. 국, 스프류(똠 ต้ม)

똠얌(ต้มยำ): 매운맛의 국, 똠얌꿍(매운 새우수프), 똠카까이(치킨 코코넛 수프)가 유명하다.

6. 국수류(바미 บะหมี่)

쌀국수(꾸어이띠여우 ก๋วยเตี๋ยว)의 종류

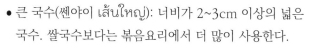

- 큰 국수(쎈야이 เส้นใหญ่): 너비가 2~3cm 이상의 넓은 국수. 쌀국수보다는 볶음요리에서 더 많이 사용한다.
- 작은 국수(쎈렉 เส้นเล็ก): 생면 정도의 국수
- 가는 국수(쎈미 เส้นหมี่): 소면 정도의 국수

카놈찐(ขนมจีน): 쌀국수를 이용한 요리

바미끼여우(บะหมี่เกี๊ยว): 계란으로 코팅된 밀가루 국수

마마(มาม่า): 태국 라면

꾸어이띠여우 무쌉 남싸이(ก๋วยเตี๋ยวหมูสับน้ำใส): 한국인들에게 제일 잘맞는, 맑은 국물 돼지고기 쌀국수

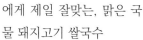